700명 마을이
하나의 호텔로

700명 마을이
하나의 호텔로

시마다 슌페이 | 김범수 옮김

산골 마을 고스게는 어떻게 지방 재생의 아이콘이 되었나?

황소자리

옮긴이 **김범수**

〈한국일보〉 기자이며 도쿄특파원으로 2011년 3월 말까지 3년 동안 일했다. 국제부장, 여론독자부장, 문화부장을 거쳐 논설위원으로 재직 중이다. 일본의 행복마을 후쿠이를 취재한 베스트셀러 《이토록 멋진 마을》, 인구감소 시대 지방의 생존법을 모색한 《젊은이가 돌아오는 마을》, 한신·아와지 대지진을 통해 보는 《진도 7, 무엇이 생사를 갈랐나?》 남다른 행보로 혁신을 이룬 기업들의 이야기를 들려주는 《이토록 멋진 기업》 등을 번역했다.

700명 마을이 하나의 호텔로

첫판 1쇄 펴낸날 2023년 3월 6일

지은이 | 시마다 슌페이
옮긴이 | 김범수
펴낸이 | 지평님
본문 조판 | 성인기획 (010)2569-9616
종이 공급 | 화인페이퍼 (02)338-2074
인쇄 | 중앙P&L (031)904-3600
제본 | 서정바인텍 (031)942-6006
후가공 | 이지앤비 (031)932-8755

펴낸곳 | 황소자리 출판사
출판등록 | 2003년 7월 4일 제2003-123호
대표전화 | (02)720-7542   팩시밀리 | (02)723-5467
E-mail | candide1968@hanmail.net

ⓒ 황소자리, 2023

ISBN 979-11-91290-19-6   03330

마을의 아름다움을 되살리기 위해

나는 '고향의 꿈을 현실로'를 기업 이념으로 삼아 인구감소 및 고령화에 직면한 지방의 마을과 촌락의 문제 해결 및 활성화를 지원하는 '사토유메'라는 회사를 경영하고 있다. 이 책은 우리가 지원하는 일본 전국 40여 개 지역 중 하나로, 소멸이 입에 오르내릴 만한 인구 700명의 작은 마을 야마나시현 고스게촌을 유지하기 위해 지난 10년간 마을 주민과 함께해온 여정을 한 권으로 정리한 결과물이다.

한국에서 이 책의 번역 출판 연락이 왔을 때 가장 먼저 머리에 떠오른 것은 어릴 적 나의 경험이었다. 나는 오사카에서 태어났지만 일본에 정착해 살기 시작한 것은 고등학교에 입학하고 나서부터다. 유년기와 소년기에 태국에서 4년, 인도에서 5년간 해외

생활을 했다. 어린 시절인 1980년대부터 1990년대 중반에 걸쳐 해외에 살았던 것은 아버지의 일 때문이었다.

나의 아버지는 해외에서 일본어학교를 만들어 그 나라 사람들에게 일본어를 가르치는 어학 교사였다. 그즈음 일본 경제는 '재팬 애즈 넘버원Japan as number one'이라는 말이 유행할 정도로 절정이었고 아시아권의 많은 젊은이가 "일본에 유학해 기술을 배우고 싶다", "고수입을 얻을 수 있는 일본 기업에서 일하고 싶다"며 바다를 건너왔다. 아버지는 그런 젊은이들이 일본을 방문하기 전에 일본어뿐만 아니라 우리의 문화와 기업의 체제, 예절 등도 가르쳐 일본에서 생활할 때 큰 어려움 없이 적응할 수 있도록 돕는 일을 했다.

해외에 체류하던 시절, 나는 주말에 우리 집으로 놀러 오는 아버지의 제자들과 자주 어울렸다. 그때 그들에게서 "일본은 대단하다. 전쟁에 져서 모든 것이 불타버렸는데도 도요타, 혼다 같은 자동차와 도시바, 히타치 등 가전제품, 소니의 워크맨 같은 훌륭한 물건을 만들어 경제적으로 발전하고 있다. 우리나라도 언젠가 일본 같은 근대적인 국가가 될 수 있도록 일본에 가서 공부하고 싶다."라는 식으로 일본을 칭찬하는 말을 곧잘 들었다. 어린 마음에 나는 그런 말을 들으며 매우 자랑스러워 했다. 그 시기의 나는 일본이라는 나라와 나 자신을 동일시했던 것 같다.

그로부터 30년이 지났다. 지금 한국, 중국, 대만 등 동아시아에서는 자동차, 가전, 반도체 등 다양한 산업에서 일본 기업을 능가하는 뛰어난 제품을 만들어내 일본 기업이 따라가지 못할 정도의 시가 총액을 자랑하는 기업들이 나왔고, 동남아시아에서도 인터넷 산업을 중심으로 유니콘 기업이 숱하게 나오고 있다.

그러나 모든 성장에는 빛과 그림자가 있다. 일본에서는 고도경제성장기부터 농산촌의 젊은이들이 썰물처럼 도시로 나가 기업의 화이트칼라나 공장 노동자로 정착했다. 지방의 인구감소와 고령화라는 그늘이 짙어지는 건 당연한 수순이었다. 자본주의적 경제 성장만을 추구하며 육아 환경을 신경 쓰지 않은 결과, 도시에서도 저출산이 진행됐다. 이로인해 일본은 2010년쯤부터 나라 전체 인구가 감소 추세로 접어들었고 이대로 가면 2100년에는 현재 인구의 절반인 약 6,000만 명이 된다는 예측도 나왔다.

고도성장을 이룬 한국을 비롯해 동아시아로 눈을 돌려 보면 일본보다 빠른 속도로 저출산·고령화가 진행되고 있고 태국이나 말레이시아 등 동남아시아에서도 저출산이 가속화되고 있다고 한다. 돈과 편리를 우선시하며 경제 성장만을 추구해온 세상이 필연적으로 맞닥뜨리게 된 부작용이다.

나의 아버지 세대는 일본 경제 성장의 '빛'에 해당하는 부분을 말 그대로 '아시아의 희망'이라 믿으며 주변 각국에 전해 왔다. 반면 다음 세대인 나는 전후 일본의 경제 성장을 동경해 뒤쫓아온 아시아 이웃 국가 사람들에게 성장의 '그림자'에 해당하는 인구감소 및 고령화와 저출산에 대해서도 우리의 경험을 제대로 전달하지 않으면 안 된다는 문제의식을 품고 있다.

인구감소로 인해 소멸 위기를 겪는 일본의 작은 마을을 무대로 우리가 펼쳐온 여러 사업과 그 결과물들이 비슷한 문제에 맞닥뜨려 미래를 고민하는 한국의 많은 이들에게 어떤 식으로든 힌트가 되고 희망을 불러일으켰으면 좋겠다.

다만 내가 강조하고 싶은 것이 있다. 다른 비즈니스와 달리 지역의 일은 결코 비장한 각오만으로 덤벼서는 안 된다는 사실이다. 지역 만들기 사업은 시간도 걸리고 도시의 논리로는 설명할 수 없는 어려움도 적잖다. 지방 재생을 위해 일하는 과정에서 나역시 큰 실패를 여러 번 경험하고 적잖은 갈등도 겪었다.

그럼에도 불구하고 지역 사업은 '고향의 꿈을 현실로' 만들어가는 노력이 보상받을수록 열정이 샘물처럼 솟아나고, 더 잘 하고 싶게 만드는 마력이 있다.

폐가가 되어버린, 지은 지 150년 된 고민가를 호텔로 새로 단장해서 선보였을 때 눈물을 흘리며 기뻐해 준 고스게 마을 어르신들의 주름진 얼굴을 나는 평생 잊을 수 없다. 지역 사람들과 함께 사업을 만들어내고 힘을 모아 현실로 일궈내는 기쁨이란,

큰 조직에서 일할 때는 절대로 맛볼 수 없는 환희이자 삶의 궁극적인 보람이었다.

다가오는 시대, 쇠락하는 마을들의 숨은 매력을 찾아내고 지역의 풍요로움을 살릴 길은 무한하게 열려 있다고 나는 믿는다. 그러니 재능과 열정을 지닌 이들이여, 좌절하지 말고 달려와 창조적인 미래를 함께 만들어내자.

자, 지금부터 무한한 아름다움을 지닌 지방의 세계로 당신을 안내합니다!

2023년 1월, 시마다 슌페이

차례

은 인재들 · 풍족함의 본질에 다가서는 숙박시설 · 1박 3만 엔의 가치가 있는 호텔이란? · 24절기를 테마로 한 '음식'을 준비하자 · 살고 싶은 집에 대해 다시 질문해보기 · 넘버원 고민가 호텔을 만들기 위해 · 마을 사람들의 마음을 얻는 일 · SNS보다 막강한 노인들의 파워를 실감했다 · 혼신의 보도자료 쓰기 · '대갓집' 그랜드 오픈 · 마을 주민 전체가 지배인이 되는 호텔 · 코로나 직격탄을 맞은 후에 · '절벽의 집'을 새로 개장하다

1장

‘고향’을
일의 무대로 삼다

'고향'이 어디입니까?

"시마다鳴田 씨는 고향이 어디입니까?"

내가 설립한 '사토유메'는 '고향의 꿈을 현실로'라는 캐치프레이즈를 기업 이념으로 내걸었기 때문에 이런 질문을 받을 때가 종종 있다. 솔직히 나는 이 질문을 받을 때면 난처해진다.

나는 오사카부大阪府 미노오시箕面市에서 태어났다. 생후 수개월 지났을 때 아버지 일 때문에 인도 뉴델리로 가서 세 살에 귀국해 미노오시의 보육원과 유치원을 다니다 초등학교 입학 때 지바현千葉縣 가시와시柏市로 이사했다. 그 뒤 초등학교 3학년 봄에 태국으로 가서 졸업 때까지 방콕에서 생활했고 중학교 입학 때 다시 인도로 가 뉴델리에서 3년간 지낸 뒤 고등학교 입학할 즈음 귀국했다. 고등학교 3년과 재수 1년간을 지바현 가시와시에서, 대학과 대학원 6년은 교토京都에서 보낸 뒤 사회인이 되고 나서 지금까지 도쿄東京에서 살고 있다.

해외를 포함해 유소년기에 다양한 지역을 전전하다 보니 나 자신도 '고향'이 어디라고 특정하기 어렵다. 일본과는 문화나 생활양식이 완전히 다른 태국과 인도에서 감수성 예민한 유소년기를 보낸 터라 '일본에는 내 고향이 없다'는 콤플렉스마저 갖고 있었다.

그런 내가 왜 '고향' 관련된 일을 하게 된 걸까. 거기에는 해외에서 살던 때의 체험이 큰 영향을 미쳤다. 일본이 거품 경제로 부풀어 올랐던 1980년대 후반부터 1990년대에 걸쳐 아버지는 개발도상국에서 일본어 교사를 했다. 1979년 전후 일본 경제의 고도성장 요인을 분석한 하버드대학교 에즈라 보겔 교수의 책《재팬 애즈 넘버원*Japan as Number One*》이 발행돼 베스트셀러가 되는 등 일본식 경영은 해외에서 높이 평가받았다. 이 시기 일본에 유학해 기술을 배우거나, 고소득을 얻는 일본 기업에서 일하려는 아시아 지역의 많은 젊은이가 바다를 건너왔다.

아버지는 그런 젊은이들이 일본에 오기 전 일본어뿐만 아니라 일본의 문화와 기업 구조, 예절까지 배워 일본 생활에 안착할 수 있도록 돕는 일을 하셨다. 현지에서는 일본의 문화를 더 잘 알 수 있도록 주말마다 태국이나 인도 학생을 집으로 불러 어머니가 만든 일본 요리를 대접한다든가 아버지 기타 연주에 맞춰 일본 노래를 함께 불렀다. 종종 정원에서 미니 운동회를 여는 것도 우리 집의 일상이었다.

그럴 때 나는 현지의 젊은이들이 "일본에서 많은 것을 배워 언젠가 조국에 쓸모 있는 인간이 되고 싶다"고 말하는 것을 자주 들었다. 일본의 문화를 열심히 공부해온 그들은 사시사철 다양하게 펼쳐지는 자연의 아름다움이나 역사적인 경승지, 계절감을 살린 식사 등 일본 문화에 대한 동경과 일본인이 지닌 훌륭함을 나에게 열정적으로 말했다. 그들이 얼마나 일본을 좋아하고, 일본 문화와 국민성을 동경하는지가 생생하게 느껴졌다.

"일본이 그렇게 좋은 나라인가?" 어린 나이에 그런 자문을 하면서도 내가 일본인인 것이 자랑스러웠다. 그런 과정을 겪으며 나에게 '고향=훌륭한 일본'이라고 믿었음이 틀림없다. 경제는 윤택하고 자연은 축복받았으며 인심은 너그러운 이상적인 지역으로서 '고향'의 이미지가 태국이나 인도에서 만난 젊은이들의 말을 통해 자연히 마음에 새겨진 것이다.

그러나 일본으로 귀국해 고등학교에 들어가면서 내가 '고향'이라고 여기던 어렴풋한 이미지는 산산이 부서지게 된다. 초등학교 3학년 때 해외로 나갔다가 7년 만에 돌아온 지바현 가시와시는 도쿄 중심지에서 한 시간 정도 떨어진 베드타운으로, 마침 그 시기에 급속도로 개발이 진행되고 있었다.

귀국 직후 집 근처를 둘러봤더니 초등학교 들어갈 무렵 내가 살던 때와는 거리 모습이 완전히 달라져 있었다. 어릴 때 나와 친구들이 비밀기지를 만들고 놀았던 마을 뒤쪽 숲은 넓은 주차장을 갖춘 대형 상업시설이 되어있었다. 제일 좋아하는 아이스크림 가게가 있던 곳에는 대부업체의 무인점포가 늘어서 있었다. 역 앞에는 요괴처럼 화려하게 화장을 하고 나온 여고생들이 우쭐대는 표정으로 몰려 있었다.

말문이 막혔다. 이것이 내가 그리워한 이상적인 일본의 모습이란 말인가. "여기는 내 고향이 아니야…."

지금 돌아보면 풋내 물씬 풍기는 독단적인 생각이지만, 당시 내게 동네의 이 같은 변화는 받아들일 수 없는 가슴 아픈 현실이었다. 엄청나게 달라진 현실 앞에서 나는 이루 말할 수 없는 상실감마저 느꼈다.

여기가 고향이 아니라면 내게 고향은 어디인가? 그 이후로 나는 '고향'을 둘러싸고 탈선을 하게 되었다.

태국에는 정글이 없었다

이야기를 조금 되돌리면 실은 해외에서 살면서 본 풍경이 그 후의 내 진로를 크게 좌우했고 지금 내가 이 일을 하는 출발점이 되었다.

초등학교 3학년 때 "열대의 태국에서 살게 됐어."라고 아버지가 말한 순간 내 머리에 제일 먼저 떠오른 것은 울창하고 무성한 정글에다 도감이나 그림책에서 본 코끼리와 코뿔소, 극채색의 새가 민첩하게 움직이며 돌아다니는 풍경이었다. 정글에서 어떤 동물을 만날까, 가슴 두근두근했다.

그러나 태국에서 살던 4년 동안 그런 풍경을 만난 적은 한 번도 없었다. 가족여행으로 방콕 교외나 지방에 갈 기회도 많았지만, 날리는 흙먼지 사이로 차창 너머 내가 본 것은 지평선까지 끝도 없이 이어지는 검붉은 대지와 벌거숭이 산에 쓰러지고 금방이라도 말라죽을 듯 가느다란 나무가 모여 듬성듬성 숲을 이루고 있는 풍경뿐이었다. 내가 상상했던 정글은 어디에도 없었다. "어? 태국에는 정글이 없네."라고 낙담했지만 그 쓸쓸한 풍경이 묘한 위화감과 함께 오랫동안 기억에 남았다.

고등학교에 들어가면서 일본으로 귀국한 후였다. TV를 본 건지 잡지에서 읽은 건지 정확하게 기억나지 않지만, 내가 태국에서 마주했던 광경의 의미를 처음으로 알게 되었다.

태국은 과거 국토의 90퍼센트 이상을 열대우림이 차지했을 만큼 삼림자원이 풍족한 나라였다. 하지만 1980년대 전후 미국, 유럽, 일본 등 해외자본이 한꺼번에 들어와 무분별한 벌채와 난개발을 하면서 1990년에는 삼림 면적이 국토의 25퍼센트 정도로 급감했다. 그로 인해 생태계는 무참하게 파괴되고 홍수 등 자연재해가 빈번하게 일어난다는 내용이었다.

대기업이 열대우림 벌채 후 나무를 심어 삼림 재생을 꾀했다지만, 태국에서 내가 본 쓰러질 듯한 묘목과 고사한 나무들은 바로 그 기업이 산림 재생이라는 명목으로 심어놓은 유카리와 아카시아 같은 조생종 수목이었다. 현지의 생태환경을 고려하지 않은 식재였으니, 나무들이 깊게 뿌리내리지 못한 채 고사하고 쓰러지는 건 당연했다.

한번 훼손된 삼림이 원래 상태로 되돌아가기까지는 적어도

300년 이상이 걸린다고 한다. 해외자본이 들어와 마구잡이로 망가뜨린 태국의 삼림자원은 어쩌면 수백 수천 년이 지나도 예전의 풍요로움을 회복하기 어려울지 모른다.

무엇보다 나에게 충격적이었던 것은 그런 훼손에 일본 기업들이 가담했다는 사실이었다. 내게 일본의 훌륭함을 열정적으로 말하던 젊은이들의 조국 땅을 파괴한 것이 일본 기업이라니….

해외 생활이 길어지면서 때로 '일본=나 자신'이라고까지 생각했던 당시의 나는 일본 기업이 저지른 일이 내 책임이라는 죄책감이 들어 말할 수 없이 착잡한 기분이었다. 이 사실을 알고 난 뒤 태국이나 열대 아시아 각국의 열대림 재생에 내가 나서지 않으면 안 된다는 생각을 품게 됐다.

"그래 교토, 가자"

고등학교 3학년이 되어 진로를 정할 무렵에도 태국에서 본 광경이 머리를 떠나지 않았다. 그때쯤 "어떻게 하면 열대우림을 재생할 수 있을까?"를 진지하게 고민해온 나는 그것을 배울 수 있는 대학에 가고 싶다는 생각을 했다. 그렇지만 숲 만들기 방법을 가르쳐 주는 대학 같은 게 있을까?

그때 왜인지 몰라도 갑자기 머리에 떠오른 것이 당시 잘 보던 NHK의 〈생물 지구기행〉이었다. 세계 각지를 찾아가 미지의 대자연에 사는 생물을 소개하는 자연기행 프로그램이었다.

그 프로그램에서 열대우림에 서식하는 고릴라 무리에게 맨몸으로 다가가 우는 소리를 흉내 내어 소통하는 교토대학교의 어느 교수가 소개됐다. 또 언젠가는 열대우림 지역을 특집으로 한 프로그램에서 빌딩보다 높은 나뭇가지 위에 트리하우스를 짓고 연구하는 교토대의 교수도 등장했다.

교토대라면 내가 원하는 것을 배울 수 있을 것 같았다. 그렇게 생각하며 찾아봤더니 놀랍게도 농학부에 삼림 관련 학과가 있었다. "그래, 여기밖에 없다." 생각이 섰다면 돌진하는 것뿐이다.

그러나 교토대학교는 문턱이 너무 높아서 당시의 내 성적으로는 합격하기가 쉽지 않을 듯했다. 시험공부를 하면서 마음이 약해진 적도 많았지만 그럴 때마다 나를 격려해준 것이 당시 유행하던 JR도카이東海의 방송 광고였다.

"그래 교토, 가자."

편안한 BGM과 함께 교토 명승지의 벚꽃과 가을 단풍이 방송될 때마다 마음속으로 이 카피를 외치며 공부했다. 교토대에 합격해서 교토에 살 수 있게 된다면 얼마나 좋을까. 이 아름다운 마을을 내 '고향'으로 삼을 수 있을지도 모른다는 상상을 할 때면 오싹한 전율이 일기도 했다.

구모가하타 마을과 만나다

1997년 4월, 재수 끝에 교토대학교 농학부 생산환경과학과 삼림과학 전공에 어찌어찌 합격했다. 드디어 교토 생활이 시작된 것이다. 입학하고 보니 내가 지원했던 삼림과학 전공에는 삼림 관련만도 10개 이상의 연구실이 있었다. 삼림생태학 연구실, 열대림환경학 연구실, 삼림 수문학水文學 연구실, 삼림정보학 연구실, 목재이용학 연구실…. 세포나 DNA 수준의 기초 연구에서부터 거시적인 관점의 생태학이나 최첨단 소재에 관한 것까지 그 내용이 매우 다양했다.

수업은 모두 흥미로웠다. 다만 학술적으로 전문 영역을 탐구하려는 분위기가 매우 강해서 열대우림을 재생하고 싶은 내 열망과는 동떨어진 내용이었다. 동경하던 교토에서 학교생활을 그럭저럭 즐겼지만, 대학에서는 누구도 '숲 만드는 방법'을 가르쳐주지 않는 것 같아 답답하기만 했다. 당시 나는 당장이라도 태국의 열대우림을 되살려내고 싶은 의지로 충만했기 때문이다.

교토는 주변이 히가시야마東山, 기타야마北山, 니시야마西山로 불리는 산으로 둘러싸여 있어 어디에서나 신록을 감상할 수 있다. 교토시 북부 산간지역에서는 '기타야마 임업'이라고 부르는 전통 임업을 하는 것도 알았다.

이처럼 주변이 온통 산으로 둘러싸여 있으니 '숲 만드는 법'을 가르쳐주는 곳이 어딘가 반드시 있을 거라는 생각이 들었다. 어느 날 우연히 알게 된 교토부 임무과林務課(당시)의 시라이시 히데토모白石秀知 씨에게 "숲 만들기를 공부하려고 교토대에 들어왔습니다만, 전문적인 지식만 가르치고 실무를 가르쳐주지 않는다는 것을 알았습니다. 어떻게 하면 그런 것을 배울 수 있을까요."라고 상담했더니 그가 기타야마의 구모가하타 삼림조합을 소개해주겠다고 했다. 자원봉사자로 들어가 산일을 도우면 대학에서 배울 수 없는 현장 일을 익힐 수 있지 않겠느냐고 그가 말했다.

시라이시 씨는 곧 구모가하타 삼림조합장(당시)인 야스이 후미오安井文雄 씨에게 나를 소개했다. 교토에 있는 삼림조합 사무실에서 만난 야스이 씨가 나에게 자원봉사자로 일해보라는 제안을 해주었다.

마침내 숲 만들기 체험을 할 수 있다. 나는 곧바로 임업에 관심을 가진 동급생이나 당시 가입해 있던 사이클링 동호회 동료들에

구마가하타는 삼나무로 유명한 교토 기타야마 임업지에 속하는 마을이었다. 가모가와 강의 발원지로서 축복받은 자연환경을 지닌 이곳의 목재는 오래전부터 빼어난 품질 덕에 고급 목조주택용 자재 애용됐다.

게 제안해 '산일 동호회'를 만들었고, 매주 주말에 구모가하타로 다니기 시작했다.

구모가하타는 교토를 남북으로 흐르는 가모가와鴨川 강이 발원하는 산간부에 위치한, 80세대 정도(당시)의 작은 마을이었다. 헤이안쿄平安京가 만들어지기 이전에 목재를 공급하기 위해 나무꾼들이 개척한 곳이라고 한다. 기타야마 임업지의 일부로서, 오래전부터 옹이 없고 윤택이 풍부한 목재를 생산해왔다. 이렇듯 재질이 빼어난 구모가하타의 목재는 손님방 기둥 등으로 사용하기 위해 하나에 수십만 엔이나 하는 고가로 팔린다고 했다.

마을에는 검푸른 가모가와 상류를 따라 석축 위에 지은 지 100년 넘는 집들이 점점이 들어서 있고, 어디서나 강물 흐르는 소리가 들렸다. 자연의 축복을 받아 여름에는 아이들이 가모가와에 뛰어들어 놀고 가끔 큰도롱뇽과 마주치는 일도 있었다. 봄에는 산벚꽃, 여름에는 반딧불이, 가을에는 단풍, 겨울에는 눈 세상….

이것이야말로 바로 내가 그리던 이상적인 '고향'의 풍경이었다.

일본 임업이 직면한
문제와 맞닥뜨렸다

구모가하타에 다니기 시작한 초기에는 마을 사람들의 시선이 곱지만은 않았다. 도시 젊은이가 임업 현장에 온 일이 한 번도 없었기 때문에 "젊은 놈들이 이런 산골에 무슨 볼 일이 있느냐." "걸리적거리기만 할 뿐이다."라며 못 미더워하는 사람도 있었다. 하지만 3개월, 반년, 1년, 2년 계속 다니는 동안 신뢰가 쌓여 많은 주민들이 말을 걸어왔고 공동체에도 받아들여졌다.

주말이 되면 게이한京阪 전차의 데마치야나기역出町柳驛에서 동료들과 만나 가모가와 강변을 자전거로 줄지어 달려 상류의 구모가하타로 향했다. 흐르는 물 소리, 지저귀는 새소리, 이어지는 산의 신록, 동료들과 잡담…. 그 모든 것이 좋았다.

구모가하타에 도착하면 먼저 삼림조합 창고에 있는 도끼와 낫을 꺼내 산에서 일하는 아저씨들과 담소 나누며 날 가는 것으로 하루를 시작한다. 그런 뒤 작업화를 신고 경트럭에 올라타 산에서 풍기는 풀 냄새와 바람을 느껴가며 현장으로 향한다. 봄에는 나무 심기, 여름은 잡초 베기, 가을은 간벌, 겨울은 가지치기.

처음에는 보고 흉내만 내는 수준이었지만 작업에 익숙해지자 본격적인 일도 맡아 하게 되었다. 점심에는 하숙집에서 만들어 준 주먹밥과 마을 아주머니가 만들어 준 조림 반찬, 여름에는 가까이 흐르는 계류에 담가둔 수박을 먹기도 했다. '마쓰아게松上げ'라는, 헤이안平安 시대부터 내려온 불축제를 함께 준비하며 마을의 여러 집에서 식사 대접을 받기도 했다.

다만 산일 현장에는 가혹한 작업이 많았다. 실제로 일을 하면서 왜 삼림자원이 풍부한 일본이 해외에서 벌목해 나무를 수입하는지를 알게 되었다. 일본에서는 급하고 험준한 경사면에 삼나무나 노송나무 인공림을 만든 경우가 많다. 그러나 임도·작업도가 충분히 정비되어 있지 않아 벌채나 반출을 인력에 의지해야 한다. 그러다 보니 인건비가 많이 든다. 값싼 노동력으로 손쉽게 벌목하는 외국산 자재를 쓰는 게 이득이다. 게다가 구모가하타에서는 1960년 즈음부터 인공림 조성을 일제히 시작해 나무가 충분히 크지 않아 폭넓은 판재 등을 생산하기 어렵다는 것도 알았다.

산일을 경험하며 일본 임업이 직면한 여러 문제를 터득하게 된 나의 흥미는 언제부터인가 열대우림 재생에서 일본 임업 부흥으로 변해갔다. 나아가 대학을 졸업한 뒤 이 마을에 정착해 살면서

임업을 하며 지역 만들기 NPO를 설립해 생계를 꾸릴 수는 없을까를 궁리하게 되었다.

"나에게 '고향'인 곳을 드디어 일본에서 찾았다." 그즈음 나는 이가 빠져 있던 내 삶의 한 조각을 드디어 찾았다고 믿었다.

그러나 그렇게 충실했던 산에서의 경험도 길게 이어지지는 않았다. 일본 주택이 서양화하면서 구모가하타를 포함한 기타야마 임업지대의 특산물인 나무 기둥 수요가 급격하게 줄어든 것이다. 게다가 수입자재가 대량으로 유통되면서 목재 가격도 침체를 벗어나지 못했다. 시장의 구조적인 변화를 따라가지 못해 내가 산

일을 다니던 6년 사이 구모가하타의 기간산업인 임업은 눈에 보이는 속도로 쇠퇴했다.

"요 몇 주간 일이 없어." "나무가 전혀 팔리지 않네." "이런 나무 가격이라면 팔지 않는 게 나아. 본전도 못 받아…."

우리에게 일을 가르쳐준 산 아저씨들이 한숨 쉬는 날이 늘었고 몇몇은 다른 일을 찾아 아랫마을로 내려갔다.

교토 시내 주요한 임업 지대마다 자리했던 삼림조합도 효율화라는 이름으로 합병했다. 구모가하타 삼림조합도 교토시 삼림조합 구모가하타 지소로 축소되었다. 그때까지 구모가하타 삼림조합의 창고나 회의실 등을 산일 동호회에서 자유롭게 썼지만, 그것도 어려워졌다.

'고향'을 지키는
사람이 되고 싶다

임업 쇠퇴와 함께 마을 풍경에도 변화가 일기 시작했다. 어느 날 갑자기 가모가와 상류 강변에서 공사가 시작되더니 그곳이 높은 벽으로 둘러친 산업폐기물 적치장으로 변해버린 것이다. 입구에 묶인 커다란 도베르만은 사람들이 앞을 지날 때마다 위협적으로 짖어댔다. 예전에 맑은 물소리나 새의 지저귐을 들으며 동료들과 자전거로 달렸던 구모가하타 가도에서도 산업폐기물을 가득 실은 트럭과 마주치는 일이 많아졌다. 목재가 팔리지 않자 드디어 산을 파는 사람이 나온 것이다.

임업이 급격하게 쇠퇴하면서 마을 사람들의 생각이 조금씩 변해가는 것을 어렴풋이 느끼고 있었지만 애써 모르는 척 외면하고 싶었다. 긴 세월 애지중지 가꿔온 산을 내놓지 않을 수 없는, 그들의 헤아리기조차 어려운 마음도 아프게 다가왔다. 한편으로는 내가 '고향'이라고 생각했던 아름다운 마을이 바뀌는 것에 충격을 받았고, 그 사실을 받아들이기 힘겨웠다. 그렇지만 눈앞에서 벌어지는 일은 직시하지 않을 수 없는 엄연한 현실이었다.

그즈음 나는 암울한 현실에서 도망치기라도 하듯 휴일이면 여행을 떠났다. 홋카이도에서 오키나와까지, 더 나아가 동남아시아나 동유럽에 이르기까지 얼마나 많은 지역을 다녔는지 일일이 열거할 수도 없다. 어딘가에서 이상적인 '고향'을 만날 수 있을 거라는 희망이 아직도 마음 한구석에 웅크리고 있었기 때문이다. 하지만 어디를 가도 마찬가지였다. 여행을 이어가는 동안 내 안의 생각이 크게 바뀌어 가는 것이 느껴졌다.

유소년기부터 줄곧 변하지 않는 아름다운 풍경이나 삶을 담은 '고향'을 원했고, 내 이상에 맞는 장소를 찾아왔지만 그런 곳은 이 세상에 존재하지 않았다. 향수에 젖은 어리디어린 동경이 부끄러워졌다. 여행을 계속하면서 분명히 깨닫게 된 것이 있다.

사랑하는 풍경이나 삶은 자신이 애써 지켜내지 않으면 유지할 수 없다. 생활을 지탱하기 위한 산업을 만들어내지 않으면, 아무것도 지킬 수 없다. 진정한 의미에서 '고향'을 지키는 사람이 되고 싶다. 자연스레 삶의 지향점이 달라졌다. "시골에서 즐겁게 살고 싶다." 같은 막연한 이미지를 버렸다. 졸업하면 소중한 마을을 지키고 유지하는 데 필요한 실력을 연마하겠다고 결심했다.

2장

'사토유메'를 창업하다

컨설팅 회사에 취직했다

'고향'을 지키는 프로가 되고 싶다. 그렇게 결심한 내가 대학원 수료 후 직장으로 선택한 곳은 컨설팅 회사였다. 내가 취직하던 2004년에는 지금처럼 '지방 재생'이나 '로컬' 같은 주제가 언론에서 주목받는 일이 드물었다. 그러다 보니 '지방'과 관련된 일을 하려면 공무원이 되거나 NPO, NGO에 취직하는 정도밖에 선택지가 없었다. 그런데 이리저리 찾아보니 '환경보존'이나 '마을 조성'을 전문으로 하는 컨설팅 회사가 있었다.

입사한 곳은 환경성 퇴직 관료가 만든 회사였다. 국립공원 방문객센터 계획설계와 야생동물 보존계획 수립 등을 강점으로 내세워 환경공생형 마을 조성이나 지역 진흥계획 수립·조사를 광역 및 기초 지방자치 단체에서 의뢰받았다. 이 회사에서라면 구모가하타 같은 농산촌을 지켜내는 데 필요한 경력을 쌓을 수 있지 않을까 생각했다.

회사에 들어간 나는 평소 하고 싶었던 지자체의 마을 만들기 조사·계획을 담당하는 부서에 배치되어 사회생활을 시작했다. 그곳은 컨설팅을 대체로 다음과 같은 흐름으로 진행하고 있었다.

우선 지역 주민이나 사업자 의견을 듣고, 행정자료 및 통계자료 등을 분석해 지역의 과제를 뽑아낸다. 이후 지역 주민 워크숍을 통해 과제 해결로 이어질 정책을 수립한다. 그 정책을 체계화해서 지역 진흥 등의 계획안을 만들고 지자체장이나 대학교수, 지역의 주요 인사 등이 참여한 위원회의 자문을 구한다. 거기서 나온 의견을 바탕으로 계획에 살을 붙여가면서 5차례가량 위원회 회의를 거쳐 최종 계획을 다듬는다. 계획이 완성되면 사진이나 삽화를 곁들여 보기 좋게 보고서를 작성해 책자로 만든 후 지자체에 납품하고 업무를 끝낸다.

이런 방식의 업무 진행은 내가 다니던 회사만이 아니라 대다수 컨설팅 회사나 싱크탱크, 또는 마을 만들기와 관련된 NPO나 대학 연구실에서 유사하게 이루어진다. 얼마나 뛰어난 '계획'이나 '전략'을 다듬어내느냐가 전부이다.

계획을 어떻게 현실로 옮기느냐는 각각의 지자체 역량이나 실천력에 달린 문제가 되는 것이다. "이 계획대로만 하면 잘 될 겁니다." 여기까지가 컨설팅의 역할이다. 극단적으로 말하면 "나머지는 그쪽에서 열심히 하세요."라는 태도다.

실제로 현장에서 일하면서 '계획'이나 '전략'을 치밀하게 다듬는 일의 중요성을 깨달았지만 입사해서 1~2년이 지나니 내가 담당한 프로젝트의 '그 이후' 이야기를 들을 기회가 생기기 시작했다. 가끔 "시마다 씨가 만든 계획은 그 후로 우리 동네에서 전혀 작동하지 않아요."라든가 "그 전략은 현실과는 잘 맞지 않는 것 같아요."라는 소리도 들려왔다.

처음에는 그런 소리를 듣고도 "음, 그 마을 사람들은 계획을 실행할 능력이 부족했나?" 혹은 "그 마을은 사람들의 적극성이 떨어지는군." 등등 스스로 변명을 해가며 흘려버렸다. 하지만 머릿속 어딘가에서 자꾸 의문이 들기 시작했다.

"큰 그림을 그려 넘겨주기만 하고 계획한 비전의 실행 여부에 대해서는 책임감을 느끼지 않아도 되는 걸까?"

그러나 눈앞에 주어진 다른 일을 처리하는 데 급급하다 보니 찜찜했던 의문들은 이내 수면 아래로 가라앉곤 했다.

전기가 된 '치유의 숲 사업'

    컨설팅 일도 차츰 익숙해지던 입사 3년 차에 전기가 찾아왔다. 큰 싱크탱크에서 전직해온 베테랑 컨설턴트가 꾸린 새 부서가 만들어지고 나는 그곳으로 이동하게 되었다.

    이전까지 부서에서는 상사가 프로젝트를 따오면 팀원 각자에게 업무가 할당되고 나에게 맡겨진 업무를 하는 경우가 많았다. 하지만 기존 고객을 확보하지 못한 새 부서에서는 모든 일을 스스로 따내 수행하지 않으면 안 되었다. 갑작스러운 상황 변화에 당혹스러웠으나 개별 매출 목표가 주어졌으므로 필사적이었다. 나는 대학 시절 친구나 교토에서 산일 동호회를 통해 알게 된 사람 등 가능한 모든 연줄을 동원해 일감을 찾았다.

    그런 영업활동을 해가는 중에 임야청林野廳 외곽단체에서 일하던 대학 친구를 통해 매우 흥미로운 일감이 날아들었다. 그것이 훗날 내 인생을 바꾼 나가노현長野縣 시나노정信濃町 프로젝트였다.

나가노현 시나노정은 호쿠신北信 다섯 산에 둘러싸인 국립공원 속, 경치 좋고 아름다운 고원분지에 위치한 인구 1만 명 정도(당시) 마을이다. 구로히메黑姬 고원 스키장과 나우만코끼리 화석 발굴로 유명한 노시리호野尻湖로도 알려져 있다. 과거에는 스키를 즐기려는 사람과 단체여행으로 인기를 끌던 고원 휴양지였지만 1990년대 전반에 스키 붐이 사라지고 사원여행 등도 줄면서 호텔이나 펜션 폐업이 줄을 이었다.

쇠락하는 마을을 살리기 위해서는 스키 이외에 마을의 상징이 되는 사업을 펼칠 필요가 있었다. 시나노정 주민들은 마을의 76퍼센트를 차지하는 아름다운 숲을 건강을 위한 휴양지 형태의 관광지로 조성하자고 의견을 모으고 '치유의 숲 사업'이라는 이름을 붙여 추진하고 있었다. 삼림욕은 이전부터 해오던 것이다. 여기에 전문 가이드를 붙이거나 의료기관과 손잡고 건강 효과의 증거를 제시하는 등 '삼림 테라피' 프로그램으로 상품화해서 지역 부흥의 동력으로 삼겠다는 의욕적인 시도였다.

치유라는 콘셉트에 맞게 삼림 테라피 길을 정비하고, 삼림 의료 트레이너라는 전문 가이드도 양성했다. 서비스를 제공할 수 있는 숙박시설을 '치유의 숲 숙박시설'로 인정하는 등 마을은 이미 체제를 갖춰가고 있었다. 그러나 방문객 확대나 수익 창출에 어려움이 있어서 '치유의 숲 사업'의 비즈니스 모델 확립 및 마케팅 전략을 지원하는 컨설턴트를 찾고 있었던 것이다.

사실 나는 그때까지 마케팅에는 깊이 관여한 적이 없었다. 따라서 그 분야에는 초보나 마찬가지였다. 하지만 주어진 목표량도 있는 데다 무엇보다 내가 전문으로 하는 삼림 관련 컨설팅이었으므로 시나노정의 일을 맡기로 했다.

막상 마케팅 전문가로서 주민이나 사업자 앞에 나서야 한다고 생각하니 불안해서 짓눌려버릴 듯한 기분이었다. 마케팅 관련 책을 여러 권 사서 벼락치기로 공부해 SWOT 분석, 포지셔닝, 타깃 설정 같은 전문 기법을 머리에 쑤셔 넣은 뒤 매달 전략검토위원회에서 자료를 설명하고 워크숍 진행을 맡았다. 회의 전날에는 긴장해서 밥도 넘어가지 않았다. 위원회 직전에 화장실에서 토하고 난 뒤 아무 일 없었다는 듯 주민 앞에 나선 일도 있었다.

미숙한 부분이 많았겠지만 나는 남다른 마음가짐으로 이 일을 했다. 내가 처음 수주한 일인 데다 삼림 관련 사업이어서 흥분했지만, 무엇보다 프로젝트에 대한 지역 주민과 사업자의 열의에 마음이 끌렸다. 그들에게는 자기 마을에 대한 애착과 긍지가 있었고 어떻게든 자립하겠다는 의지가 매우 강했다.

마을 사람들은 외부에서 들어온 나에게도 우호적이었다. 그 중에서도 당시 이 사업을 추진하기 위해 시나노정사무소에 설치한 전문 부서 '치유의 숲'계에 근무하던, 나와 동 세대의 아사하라 다케시萩原武志 씨에게 많은 도움을 받았다. 펜션 주인이나 가이드, 마을 주민을 참여시켜 그들이 움직일 동기를 끌어내는 역할을 맡아준 것이다. 마을 사정을 잘 알고 있는 그의 지원이 얼마나 의지가 됐는지 모른다.

회의에서는 매번 활발하게 의견이 오가고 진지한 제안들이 이어졌다. 마침 그즈음 기업에서 특정 건강검사, 즉 건강검진이 의무화되고 정신건강 문제로 장기 휴직하는 종업원이 늘면서 사회적으로 큰 문제로 부상하기 시작했다. 그런 현상에 착안해 우리는 사원 연수나 여행, 건강보험조합의 건강 프로그램을 마을 사업에 끌어들여 보기로 전략을 세웠다.

일반 관광객을 타깃으로 삼는 대신, 도시 기업으로 타깃을 좁혀 B to B형 관광 · 휴양지를 조성한다는 발상은 전례가 없는 것이었다. 하지만 시나노점 사람들은 내 제안을 받아들여 주었다. 서둘러 마케팅 전략과 조사 리포트를 보고서로 정리해 회계연도 말인 3월까지 업무를 마무리한 뒤 마을사무소에 '납품'했다.

당시 나는 정책을 제안하고 보고서로 납품하는 것이 컨설팅의 전부라고 믿었고, 내 업무는 거기서 끝났다. 시간이 지나면서 시나노정도 기억에서 멀어져 나는 다시 다른 지역의 계획 · 전략을 만들어내느라 바쁜 나날을 보냈다.

시나노정과 다시 마주하다

시나노정 프로젝트를 마치고 2년 정도 지난 어느 날이었다. 사무실 컴퓨터에 도착한 이메일 매거진을 읽다가 삼림 관련 세미나 정보와 마주쳤다. '나가노현 시나노정' '치유의 숲'이라고 적힌 글귀가 내 눈에 들어왔다.

"시나노정이네. 그래, 내가 마케팅 전략을 만들었지. 기억이 새롭군. 시간 내서 잠깐 살펴나 볼까."

가벼운 마음으로 세미나 회의장인 임야청으로 갔다.

강당에 들어서자 200명 넘는 참가자 앞에서 마을의 현실을 당당하게 설명하는 시나노정사무소의 아사하라 씨 모습이 보였다. 그 자리에서 나는 최근 2년 사이 시나노정이 10개 넘는 회사와 제휴를 맺어 사업을 활성화한 결과, 지역 만들기 업계 및 삼림 업계에서 주목받고 있다는 사실을 알게 되었다.

매우 기뻤다. 그러면서도 머리를 세게 얻어맞은 듯한 기분이

들었다. 솔직히 말하면 그때까지 내가 제안한 정책을 누군가가 작정하고 실현할 것이라고는 생각하지 않았다. 그것이 실제로 구현되는 것에 대한 현실감을 갖고 있지 않았다. 부끄러운 고백이지만, 현실감도 없는 채 계획을 세웠던 것이다. 보고서를 만들 때까지, 딱 거기까지가 내 일이라는 컨설팅 업계의 상식에만 기대 그 이후는 남 일처럼 방관했던 나의 태도가 부끄러웠다.

아사하라 씨와 마을 사람들이 필사적으로 내가 제안한 정책을 실현해주었기에 망정이지 서투른 계획으로 실패했다면 어떻게 됐을까. 그런 위험을 짊어지는 것은 어디까지나 그 지역 사람들이다. "고향을 지키는 프로가 되고 싶다"고 말하고 다닌 주제에 얼마나 무책임하게 대충대충 일했던 것인가. 아사하라 씨의 이야기를 들으면서 처음으로 내 일의 막중한 영향력을 실감했다. 나는 회의장 한쪽 구석에서 자신을 책망하고 또 책망했다.

세미나 후 아사하라 씨에게 인사를 건넸다.

"와, 오랜만이네. 시마다 씨가 만들어준 마케팅 전략대로 했더니 기업 제휴가 많이 들어왔어. 정말 고마워요."

내가 2년간이나 도망갔던(지금은 둘이서 농담처럼 곧잘 이렇게 말한다) 것을 나무라지 않고 아사하라 씨는 웃는 표정으로 그렇게 말했다. 나는 그 자리에서 2년간의 무책임한 태도를 사과하면서 지금부터라도 할 수 있는 것이 있다면 돕겠다고 약속했다. 아사

시나노정 '치유의 숲' 사업은 이제 일본뿐 아니라 해외에서도 주목하는 지방 재생의 성공 모델이 되었다. '시나노정 치유의 숲Shinanomachi Healing Forest' 홈페이지에 들어가면 사업프로그램 소개는 물론 치유의 숲 지도, 숙박업소, 먹거리, 놀거리, 계절에 따라 달라지는 축제 등이 다양하게 소개돼 있다.
© 시나노정 치유의 숲 홈페이지 화면 캡처.

하라 씨 역시 나의 말에 흔쾌히 동의해주었다.

그 후 매일 같이 아사하라 씨와 전화 통화를 했다. 함께 영업 전략을 다듬고 함께 기업을 돌아다니면서 시나노정의 숲 테라피를 포함한 기업 연수, 건강보험조합의 건강증진 프로그램 판매로 분주한 날을 보냈다. 기업용 모니터링 여행 등에도 가능하다면 동행해서 고객이 어떤 반응을 보이는지 확인하고 개선 방향에 활용했다. 그 결과 제휴기업이 30개 사가 넘을 정도로 늘었다.

'치유의 숲 사업'으로 펜션들은 폐업을 면하고, 가이드는 안정적으로 생계를 꾸릴 수 있게 되었다. 이 사업이 마을 사람들의 고용으로도 이어졌다.

'치유의 숲 사업'을 돕는 것은 나의 본업인 컨설팅 매출에 직결되는 일은 아니었다. 다만 제휴기업이 하나둘 늘어나고, 모니터링 여행에 동행하면서 고객이 진심으로 기뻐하는 모습을 볼 때 느끼는 만족감은 무엇과도 바꿀 수 없이 컸다. 그때는 구체적으로 표현할 수 없었지만, 훗날 사토유메의 가치가 된 '동반 달리기'와 목표가 된 '고향의 꿈을 현실로'의 원형이 이 시기 조금씩 모습을 갖추어갔다고 할 수 있다.

내 일의 방향이 정해졌다

'치유의 숲 사업'을 돕기 시작하고 얼마쯤 지나자 나 자신의 '사업 모델'에 대한 방향성이 잡혔다. 그 사업 모델이란 한마디로 도시와 농산촌 간 '상호작용'을 창출하는 '쌍방향' 사업이었다.

사람들은 흔히 '지방 재생'이라는 말에서 도시와 농산촌의 관계를 도시의 물자(돈, 사람)를 경제적 혜택을 그리 받지 못하는 농산촌에 전달한다는 식으로 연상하고 그 의미를 규정한다. 그러나 그것은 농산촌이 직면한 문제의 본질적인 해법이 아닐뿐더러 그런 방식으로는 도시 기업과의 관계 역시 지속되기 어렵다.

나는 농산촌과 도시가 각자의 부족한 부분을 메우고, 서로를 자극해 함께 바뀌어 나가야 한다고 믿어왔다. '상호작용'이라는 이름으로 관계를 규정한 것 역시 같은 맥락이다. 실제로 도시에는 자체적으로 만들어내기 힘든 것들, 농산촌이 제공해줘야만 하는 요소들이 무척 많다. 목재나 흙, 물, 갖가지 식재료, 자연환경, 인정人情, 전통적인 삶의 양식…. 그런 필요를 농산촌이 상품이나 서비스로 바꾸어 도시에 제공하고, 도시는 그 대가를 돈과 마음으로 농산촌에 지불한다. 거기에서 대등하고 지속 가능한 교류가 출발한다고 나는 생각했다.

시나노정의 '치유의 숲 사업'이 바로 그런 상호작용의 좋은 사례였다. 그 덕에 마을도, 도시의 기업도 각자의 실정에 맞게 무리 없는 형태로 관계를 지속할 수 있었다. 이 사업 모델의 핵심은 농산촌(산촌의 지자체, 삼림조합 등)과 도시(공기업 및 민간기업, 광고대리점, NPO 등)가 상호 관계를 끈끈히 하는 데 있었다. 바라는 '가치'가 서로 다를 수도 있으므로, 양쪽이 서로를 고객으로서 대우하면서 긴밀하게 소통해나갔다. 이러한 의견 조율을 통해 우리가 얻을 수 있는 정보(인풋)를 상대가 원하는 가치(아웃풋)와 어떻게 잘 접합시켜 나갈지를 끊임없이 고민했다.

이처럼 인풋과 아웃풋의 선순환을 만들어내 서로 이득이 되는 지점을 창출해내는 것이 당시 내 일의 도리처럼 느꼈다. 몇 년 전까지는 그저 "산촌에 터전을 잡고 일하고 싶다"고 고집을 부린 반면, 거시적 안목으로 큰 흐름을 보고 전략을 다듬어서 고향을 지키는 일을 해나가자는 방향으로 이동한 것이다.

창업 동료를 만나다

그때쯤 나는 입사 당시부터 마음속 어딘가에 품고 있던 막연한 불만의 정체를 분명하게 인식하고 정리할 수 있었다. 이전까지 나는 컨설팅 업계에서 상식으로 통하는 업무 틀 속에서 지자체나 주민의 의견을 수렴하고 지역 현실을 조사해 향후 비전을 보고서라는 '형태'로 정리하는 일을 해왔다.

하지만 '치유의 숲 사업' 등에 관여하면서 내가 정말 하고 싶은 것은 그보다 더 구체적인 '형태'라는 것을 깨닫기 시작했다. 내가 정말 하고 싶은 것은 그 지역을 활성화해 자립할 수 있도록 구체적인 상품이나 서비스를 만들고, 그것이 사회 · 경제적 효과를 내는 시점까지 지역과 동반 달리기를 이어가는 것이었다.

아무래도 그때까지 해오던 것과는 다른 발상으로 일해 나갈 필요가 있었다. 하지만 그 목표를 구현하는 것이 나 혼자 힘으로 가능할까? 그런 고민을 진지하게 시작하던 즈음, 나는 '치유의 숲 사업' 자문위원회를 통해 '사토유메' 창업 동료로 만나서 이제 누구와도 바꿀 수 없는 동업자가 된 세 사람과 친분을 두텁게 쌓고 있었다.

우선 내가 시나노정을 처음 방문했을 때부터 도와주었던 아사하라 씨의 존재가 무엇보다 컸다. 같은 세대라는 공통점도 있는데다, 지자체에서 보여준 그의 열정 넘치는 업무 태도는 늘 나를 자극하고 좋은 에너지를 전파했다. 고객이던 그와 손잡고 창업을 하게 되다니, 사람의 인연이란 알다가도 모를 일이다.

아사하라 씨를 통해 알게 된 사람이 나카지마 몬타中嶋聞多 씨와 다케이 히로유키武井裕之 씨다. 신슈信州대학교 교수였던 나카지마 씨는 명망 있는 브랜딩 전문가였다. 한편 시나노정에서 가장 큰 '구로히메 라이징 선 호텔'을 소유한 다케이 히로유키 씨는 치유의 숲 제휴기업을 맞아들이는 숙박업 대표로서 '치유의 숲 사업' 자문위원회에 참가했다.

컨설턴트, 지자체 공무원, 대학교수, 호텔 소유주로 각각 처지도 달랐고 나와 아사하라 씨가 30대, 다케이 씨가 40대, 나카지마 씨가 50대로 세대도 달랐지만, 우리는 왠지 마음이 맞았다. 위원회가 끝난 뒤 간담회나 전국 각지를 다니는 세미나 여행 등으로 얼굴을 마주할 기회도 많아 속마음을 털어놓고 다양한 이야기를 나누었다.

그런데 모두 똑같이 현재의 지역 만들기 실태에 의문을 제기하고 있었다. 컨설팅 회사뿐만 아니라 대학 연구기관이나 NPO, NGO 그리고 행정기관까지, 계획이나 전략을 만드는 단계에 이르기까지는 열심이다. 하지만 그들은 말만 할 뿐 정작 위험을 떠안는 것은 언제나 지역이었다. 우리 네 사람은 이러한 현실에 커다란 문제가 있다고 생각했다.

그중에서도 다케이 씨는 도쿄공업대학교 사회공학부에 재학 중일 때부터 큰 싱크탱크를 거쳐 30년 이상 도시·지역계획을 수립해왔지만 나와 마찬가지로 늘 어딘가 개운하지 않은 구석이 있어 호텔 경영이라는 현실 경제활동에 발을 들여놓았다고 말했다. 도시와 지역, 계획입안자와 사업자라는 쌍방의 처지에서 당사자로 지역 만들기를 접해 온 다케이 씨의 이야기는 현장감이 있었고 배울 점이 많았다.

그리고 언제부터인가 우리는 '치유의 숲 사업'에서 우리가 하는 것처럼, 목표를 향해 긴 호흡으로 지역과 함께 하는 회사를 우리 손으로 만들면 좋겠다고 만날 때마다 이야기를 했다.

'사토유메'의 여명

마침 그때 '사토유메' 창업의 계기가 된 프로젝트가 우리 앞에 굴러 들어왔다. JR아키하바라역秋葉原驛 앞에 2013년 7월 개장하는 '닛폰햣카텐日本百貨店 쇼쿠힌칸'이라는 대형 안테나숍antenna shop(신제품이나 신사업에 대한 소비자 수요 등을 알아보기 위해 젊은층이 많이 모이는 곳에 문을 여는 가게. '파일럿숍'이라고도 부른다 — 편집자)에서 판매할 상품 선별을 도와주면 좋겠다는 상담 의뢰를 운영회사 사장이 나카지마 씨에게 직접 한 것이다.

"180평이나 되는 매장에 전시할 상품을 우리가 직접 모을 수 없는 실정이다. 그러니 당신이 출장 갔을 때 봤던 것이라든지, 아무튼 여러 지역의 특색 있는 상품을 다 모아주면 좋겠다. 그 상품 판매를 위해 지자체 등과 협의가 필요할 경우, 이 모든 과정까지 맡아서 해주면 좋겠다"는 것이 그쪽의 요청 사항이었다. 게다가 일회성 도움 요청이 아니라 지속적인 사업을 공식 의뢰하는 것이므로 회사를 설립해 계좌를 만들어주면 좋겠다고 덧붙였다.

"회사를 설립…?!" 갑자기 이야기가 커지는 바람에 처음에는 당혹스러웠다. 논의 끝에 다케이 씨가 가지고 있던 이름뿐인 회사의 상호를 변경해서 이 프로젝트를 네 명이 진행해보기로 했다. 회사 명칭을 정하느라 고민을 했다. 우리만의 특색을 드러내는 이름을 보여주기로 뜻을 모으고 100개 넘는 안을 내서 최종 낙점한 것이 '사토유메'다. 우리가 오래 품고 있던 생각들을 구체화해 '고향의 꿈을 현실로'라는 목표로 담아낸 후 이를 압축한 이름이었다.

サトユメ나 SATOYUME처럼 가타카나나 알파벳으로 표기하자는 안도 있었지만, 우리가 가장 많이 상대하는 대상은 지역 사람들, 시골의 아저씨, 아주머니, 할아버지, 할머니이므로 그들에게 친숙한 히라가나로 표기하자고 뜻을 모았다. 이 카피와 회사 이름은 자연스럽게 마음에 다가오고 이해도 쉽다. 2012년 4월, 상호 변경 등기를 내며 '사토유메'는 정식 회사가 되었다.

처음 '사토유메'의 일은 어디까지나 부업이어서 주말이나 출장 이후 조금씩 수행하는 식이었다. 하지만 점점 더 비중이 커져서 평일 휴식시간이든 아침 일찍이든 늦은 밤이든, 심지어 점심시간까지 파고들었다. 그러다 보니 통상의 컨설팅 업무가 손에 잡히지 않을 정도였다.

지나는 지역마다 휴게소나 상점에 들러 도쿄에서도 팔릴 만한 상품 목록을 만들고, 지자체와 지역 사업자에게 협력을 제안했다. 일본 전국 지역마다 그곳만의 삶에 뿌리를 둔 다양한 민예품이나 일용품, 식품 등이 있었고, 이런 물품을 찾아내는 일은 의외로 재미가 있었다. 내가 고른 상품을 사며 기뻐할 사람들의 얼굴을 상상하는 것만으로 가슴이 두근거렸다.

점포 개장 예정일이 6개월 앞, 3개월 앞으로 다가오자 "아~, 이런 일만 했으면 좋겠다. 보고서를 만들고 끝나는 것이 아니라 '현실'로 나타나는 일을 계속하고 싶다." 하는 생각이 너무 간절해져서 나는 안절부절못하는 지경이 되었다. 일년 정도 그런 상태를 가까스로 숨기며 지냈지만 더는 어쩔 수 없는 순간이 왔다. 내가 회사를 그만두고 '사토유메' 일에 전념하고 싶다고 선언하자 다른 세 명의 창업 동료들은 다소 놀란 듯했다. 하지만 "시마다 씨가 그렇게 정했다면 최선을 다해 응원하겠다"는 흔쾌한 대답으로 나를 격려했다.

나는 어릴 때부터 묘하게 저돌적인 구석이 있어서 한 번 정하면 그 다음은 돌진밖에 없다. 그해 4월 3일, 상사에게 사표를 내고 4월 30일에 그때까지 일했던 컨설팅 업무를 종료했다.

지역은 '동반 달리기'를 원하고 있다

퇴직한 다음 날인 5월 1일, 나는 나가타정永田町의 생활형 숙박 시설 방을 빌려 '사토유메' 사무실로 삼았다. 벤처의 첫 출발지로서 도쿄 일급지 사무실은 그다지 어울리지 않았지만, 나카지마 씨의 도움 덕에 파격적인 월세로 빌릴 수 있었다.

회사의 유일한 자산인 노트북을 열며 "지금부터 드디어 구모가 하타에서 다짐한 '고향을 지키는 프로'가 되는 거다."라고 독백처럼 말했다. 그 말만으로도 가슴이 두근거렸다.

그렇지만 명함은커녕 인터넷 사이트도, 실적 목록도, 회사 안내도 없는 상황이었다. 그저 '이 회사를 알리고 싶다'는 마음만 앞섰다. 지금 생각하면 너무도 순진했지만, A4 복사용지에 매직 펜으로 회사 이름과 함께 '고향의 꿈을 현실로'라는 회사 이념을 멋 부리지 않고 써서 어디를 가더라도 그것을 자랑스럽게 보여주며 필사적으로 알렸다. 그렇게 무작정 하는 영업이 효과를 본 것일까. 얼마 지나지 않아 실적도 없고 직원 한 명뿐인 회사에 차례차례 주문이 날아들기 시작했다.

구마모토현熊本縣 우토시宇土市에서는 건강과 미용에 대한 관심이 높아지는 트렌드에 맞추어 시 차원에서 재배를 장려하는 기능성 채소 등 건강 식재료를 브랜딩해달라는 요청이 들어왔다. 나는 시의 사업 내용을 알릴 목적으로 우토 음식을 소개하는 책자를 제작하고 홍보 이벤트 '우토 맛 잔치' 시식회, 구매자를 위한 상담회 등을 열어 판로를 개척해나갔다.

구마모토현 가미아마쿠사시上天草市에서는 시의 풍부한 수산자원을 활용한 상품 개발을 의뢰했다. 이에 따라 어업인이나 시민, 음식 코디네이터와 함께 여러 차례 검토한 끝에 '가미아마쿠사 일본풍 육수'를 개발했다. 이 상품은 '구마모토현 농산물 가공식품 대회'에서 금상을 수상해 시내 휴게소 물산관에서도 인기 상품이 되었다.

미야기현高城縣 시오가마시鹽釜市의 마쓰시마만松島灣 우라토제도浦戶諸島는 동일본 대지진의 영향으로 심각한 인구 감소를 겪고 있었다. 그런 현실에서 풍부한 자연을 살린 신사업 '그린 부흥'을 지원해주면 좋겠다는 의뢰가 왔다. 곧장 섬 주민과 연구자, NPO 등과 만나 논의를 하고 자연·역사·음식을 살린 관광 프로그램과 상품 개발에 나섰다.

구마모토현 가미아마쿠사시의 수산자원을 활용해 '가미아마쿠사 일본풍 육수'를 개발했다. 미야기현 시오가마시 우라토제도에서는 '그린 부흥' 지원사업으로 지역 특산물인 굴을 성공적으로 프로모션했다.

이는 극히 일부 사례이지만 창업하고 반년도 지나지 않았는데 고맙게도 각지에서 자신들의 지역을 활성화하고 싶다는 의뢰가 밀려들었다. 나 혼자서는 도저히 감당할 수 없는 상황이었다. 직원 두 명을 채용한 뒤 그들과 함께 전국을 돌아다녔다.

창업이란 가설을 검증하는 것이라고 나는 생각한다. 밀려드는 고객들의 절실하고 열정적인 목소리를 들으면서 나는 "지역은 동반 달리기를 원하고 있다"는 내 가설을 실증할 수 있었다. 그것이야말로 가장 큰 보람이었다. 겉으로 드러내놓고 말하지 않았지만, 많은 지역 사람들은 그들과 함께 '동반 달리기'를 해줄 파트너를 간절히 원하고 있었다.

동반 달리기의 궤도는 다음과 같다.

먼저 지역의 강점을 살린 상품을 만든다. 상품이 만들어지면 판로를 찾아 고객을 데리고 온다. 매출이 늘면 거기서 고용이 생겨나고, 새로운 산업이 움튼다. 이 순환이 순조롭게 이루어지면 새로운 사람이 이주하는 등 부가적인 선순환이 만들어지고 마을은 자립할 수 있는 토양을 마련한다. 이것이야말로 진정한 의미의 지역 활성화이자 우리가 생각한 '지역재생'이다.

학생 시절 구모가하타에서 무력함을 통감했던 나는 10년 만에 드디어 아주 조금이지만 앞으로 나아갔다는 기분이 들었다.

3장

'동반 달리기'로
지역의 미래를 바꾸다

다마가와 발원지,
고스게촌과 만나다

2019년 8월 17일, 다마가와 발원지에 있는 인구 700명의 작은 마을에 고민가 호텔 'NIPPONIA 고스게 발원지 마을'이 문을 열었다. 호텔 프런트가 위치한, 지은 지 150년 된 고민가 마당에서 열린 개장 이벤트에는 도쿄에 있는 방송사 카메라가 줄줄이 늘어서고 여러 신문사와 잡지사 기자들도 취재하러 왔다. 나는 호텔 운영회사 대표로 인사를 한 뒤 도움받은 지자체와 금융기관 직원들을 만나 감사의 마음을 전하며 행사장을 바쁘게 돌아다녔다. 맑은 하늘 아래 새롭게 탄생한 주변을 둘러보다 고스게촌을 처음 방문하던 때를 떠올렸다.

창업하고 아직 일년도 되지 않은 2014년 1월, 국토교통성이 개최한 지역 활성화 관련 세미나에서 나는 지인의 소개로 무대에 올랐다. 사토유메의 목표인 '동반 달리기형 컨설팅'과 작은 직영 안테나숍 운영 등을 이야기하자 그 세미나에 참석했던 고스게촌 사무소 직원이 나에게 다가와 요청을 했다.

"저희 마을에 조금 곤란한 일이 있어서 고민 중입니다. 시마다 선생님이 상담해주시지 않겠습니까?"

그 만남이 모든 일의 시작이었다.

그 직원은 반년 뒤 고스게촌에서 개장할 휴게소에 대해 상담하고 싶다고 했다. 건물은 이미 완성했다고 해서 현지를 방문해 자세한 내용을 듣기로 했다. 곧장 그 마을로 갈 생각이었지만 세미나 직후 간토關東 지역에 퍼부은 기록적인 폭설로 인해 고스게촌으로 가는 3개의 도로 노선이 모두 폐쇄되어 버렸다. 가고 싶어도 갈 수 없는 상황이 된 것이다.

폭설이 내리면 육지의 고도孤島가 될 정도인 산속 마을은 대체 어떤 곳일까? 인터넷으로 검색해봤더니 야마나시현 기타쓰루군 北都留郡 고스게촌은 지치부타마秩父多摩 국립공원 안에 있었다.

도쿄를 가로질러 지나가는 다마가와의 발원 지역에 위치한, 동서 40킬로미터, 남북 7킬로미터, 총면적 5278헥타아르의 작은 마을. 삼림이 마을 전체 면적의 95퍼센트를 차지하고, 그중 약 30퍼센트에 해당하는 630헥타아르가 도쿄도의 수원함양림이었다. 교통은 불편하지만 도심에서 80킬로미터 권내에 위치하면서 물참나무, 너도밤나무가 무성한 원생림이 있고, 그 숲에 대형포유

류와 다양한 야생 조류, 곤충, 어여쁜 야생화들이 서식하는, 훼손되지 않은 자연환경을 지닌 마을인 듯했다.

2주 뒤 마을에 파견된 자위대가 국도에 쌓인 눈을 제거해 마침내 자동차 한 대가 지나갈 수 있는 길이 뚫렸다는 소식이 전해졌다. 기다리던 나는 곧장 현지로 달려갔다.

나중에 들은 이야기지만 눈으로 폐쇄돼 고립된 2주 동안 마을 주민은 창고에 보관한 절인 채소나 감자를 먹으면서 평소와 다름없이 평온하게 지냈다고 한다. 산간의 불편한 지역에서 혹독한 자연과 오래도록 공생해온 마을다운 삶의 방식이었다.

우울한 결심

아직 눈이 남아있는 좁은 국도를 타고 촌사무소에 도착하자 세미나에 참가했던 사무소 직원들이 의뢰할 내용을 상세하게 이야기했다. 내용이 예상보다 심각했다. 반년 후 휴게소 개장을 앞두고 있다면서 거기를 무엇으로 채울지, 아직도 백지상태였다. 지금 있는 것은 건물뿐이다. 콘셉트나 이름을 비롯해 어떤 물건을 팔 것인지, 어떤 요리를 내놓을 건지, 하다못해 누가 운영할지조차 정하지 않았다. 인터넷 홈페이지나 팸플릿 등 판촉 방식도 당연히 구상하지 못한 상태였다.

일본에서는 지방공공단체 등 행정기관이 실시하는 공공사업을 '하코모노箱もの 행정'(세금을 낭비하는 전시행정 — 편집자) 등으로 비난하는 일이 많은데 이것이야말로 그 전형이라는 생각이 들었다. 시설이나 건물을 만드는 것 자체가 목적일 뿐, 사업 내용이나 운영 체제처럼 처음부터 분명해야 할 소프트한 면을 충분히 검토하

지 않은 채 마구잡이로 사업을 추진하는 것이다. 그 결과 시설이 효과적으로 활용되지 않을 뿐 아니라 유지관리로 인해 이후 지자체 재정에 악영향을 미치는 비효율적이고 쓸데없는 사업 말이다. 이런 사례를 나는 지금까지 수도 없이 봐왔다.

다만 담당자의 이야기를 더 들어보니 고스게촌의 경우 이른바 '하코모노 행정'과는 달리 촌장을 중심으로 촌사무소가 이 휴게소에 마을의 생사를 걸고 있다는 분위기가 감지됐다.

어쨌든 휴게소 개장과 같은 시기에 야마나시현 오쓰키시大月市 쪽에서 전체 길이 3킬로미터에 이르는 마쓰히메 터널이 개통될 예정이었다. 마을 주민이 30년 동안 염원해온 사업으로, 역대 촌장이 중앙정부에 지속적으로 진정을 넣은 결과 마침내 실현된 것이라고 했다. 당시 고스게촌에서 고후甲府나 오쓰키 등 도시로 나가기 위해서는 가파른 마스히메 고개를 넘어야만 했다. 설상가상 폭우나 폭설이 내리기라도 하면 곧바로 통행금지 되는 일이 다반사였다. 현청에 가는 데도 2시간은 걸렸다.

한마디로 이곳은 야마나시현 주민조차 잘 모르는 산골 마을이었다. 하지만 터널만 개통되면 접근성이 좋아져 관광객을 늘릴 방도가 생길 것이라고 마을 주민들은 믿고 있었다. 주민이 가장 많았을 때 2,200명이던 마을 인구도 계속 줄어 지금은 3분의 1로 감소했다. 따라서 마을 활성화를 도모하기 위해 터널 출구에 휴게소를 만들기로 했다는 얘기였다.

촌사무소에서 대강의 설명을 들은 뒤 휴게소 예정지를 안내받았다. 마을을 지나는 유일한 간선도로인 국도 139호 변에 있을 거라고 예상했지만 우리를 태운 차는 도중에 국도를 벗어나 마을 도로로 접어들었다. 수백 미터를 달렸을까. "도착했습니다. 여기입니다." 촌사무소 직원의 말에 차에서 내린 나의 눈에 들어온 것은 산 중턱 휑한 빈터에 새로 지은 '하코모노'였다. 바로 옆에는 '고스게 온천'이라는 온천시설과 '물산관'이라고 간판을 써놓은 낡은 매점이 있었다.

휴게소가 개업하면 이 물산관을 휴게소의 물품 판매시설로 재단장할 예정이라고 했다. 하지만 그곳에는 손님 비슷해 보이는 사람의 그림자조차 눈에 띄지 않았다. 인근 '고스게 온천'도 마찬가지였다. 마을 예산으로 간신히 운영은 하고 있지만 큰 적자를 내는 형편이었다.

그렇구나. 눈이 오면 오도 가도 못하는 데다 국도에도 접하지 않는 산 중턱에 휴게소를 지어놓고는, 그 안을 무엇으로 채울지 정하지도 못한 채 건물만 덩그러니 서 있는 현실이라니.

너무나 심각한 상황을 눈앞에서 지켜보자니 착잡하고 당혹스러울 뿐이었다. 이렇게 불편한 곳에 관광객을 불러들인다? 누가 나서도 쉽지 않은 일일 터였다.

단언컨대 나는 이름조차 알려지지 않은 마을, 이름도 없는 풍

가진 거라고는 사방이 녹음으로 우거진 산과 숲 뿐인 이곳에 사람을 불러들일 수 있을까? 내가 그 일을 해낼 수 있을까?

하지만 대학생 시절 구모가하타 마을이 망가지는 모습을 무력하게 지켜보기만 했던 기억이 떠오르자 도저히 이 마을을 외면할 수 없었다.

경을 지키고 싶어서 지역과 관련된 일을 하기로 나섰다. 계획을 세우고 보고서로 끝내버리는 것이 아니라 사업이 궤도에 오를 때까지 지역과 함께 달리기 위해 '사토유메'를 창업했다. 아무리 그렇더라도 이것은 난이도가 너무 세다. 과연 내가 이 일을 해낼 수 있을까. 이 의뢰에 대한 책임을 질 수 있을까? 그런 생각을 하자 숨이 막혀올 정도였다.

고스게촌에서 돌아오는 길, 갖가지 기억이 머릿속에 떠올랐다. 차에 몸을 실은 채, 학생 시절 구모가하타에 산업폐기물 적치장이 생기는 것을 망연히 지켜만 볼 수밖에 없던 그 무력함을 상기했다. 컨설팅 회사 근무 시절 내가 만든 계획이 현장에서 전혀 작동하지 않는 것을 알고도 지역 사람들 탓으로 돌려버렸던 무책임한 나 자신의 모습을 떠올렸다. 다시 보고도 못 본 척할 것인가. 이 지역과 거리를 두는 게 현명한 처사일까….

그러나 차가 도쿄에 도착할 즈음에는 "이번엔 할 수밖에 없다. 하자!"라는 생각이 마음속에서 서서히 굳어가는 걸 느꼈다. '우울한 결심'이었다. 그날 귀가한 뒤 "나는 지역의 꿈을 실현하기 위해 회사를 만들었는데, 어쩌면 이 마을은 무덤까지 함께 달리게 될지도 모른다."라고 아내에게 앓는 소리를 했다고 한다.

'고스게 휴게소' 개장을 향해

다음 날 아침 나는 고스게촌사무소에 전화를 걸어 "하룻밤 내내 생각했습니다. 이 일을 꼭 하게 해주세요. 최선을 다하겠습니다."라고 말했다. 말은 그렇게 했지만, 무엇부터 손을 대야 좋을지 이렇다 할 아이디어나 구상이 선 것은 아니었다.

지금까지 고스게 마을에는 마을 기업의 사장, 지구별 지도자, 부인회 대표 등 10명으로 구성된 위원회가 있어서 휴게소 개장을 위해 10회 정도 회의를 했다고 한다. 그런데 회의록을 봤더니 의견이 전혀 정리되지 않은 채 만남만 거듭한 듯했다. 이상할 것도 없는 일이었다. 신규 사업 개발은커녕 소매업이나 음식업 경험조차 없는 위원이 대부분이고, 그중에는 휴게소에 가본 적 없는 사람까지 포함돼 있었다.

제대로 한다면 마을 사람들이 중심이 되어 서로 의견을 경청해가면서 사업 계획을 만들어가는 것이 바람직하다. 하지만 개장까지 반년밖에 남지 않아 여유를 갖고 할 처지가 아니었다. 따라서 위원들에게 아이디어를 모아 일을 하는 대신 우리가 계획을 세워 그것을 승인받는 형태로 사업을 추진하자고 제안했다.

예를 들어 이런 식이었다. 휴게소라면 식권 발매기를 들여놓고 메밀국수나 우동, 정식 등을 파는 식당을 몇 개 운영하는 것이 일반적이다. 교통량이 많은 국도변의 일반 휴게소라면 화장실 가는 김에 잠시 들러 이런 식으로 식사를 해결할 수 있다. 하지만 산속 불편한 장소에 있는 휴게소는 사정이 다르다. '일부러 찾아가고 싶다'는 생각이 들 만한 콘텐츠가 없으면 아무도 오지 않을 게 뻔하다. 그래서 지나다가 우연히 들르는 형태가 아니라 일부러 찾아오는 시설을 구상하기로 의견을 모았다.

타깃도 새로 정했다. 현재 인접한 '고스게 온천' 방문을 위주로 주변에서 오는 노인층만이 아니라 지금까지 고스게촌에 한 번도 온 적 없는 20~30대 젊은 고객층, 특히 여성이 오고 싶어하는 휴게소를 만들어보기로 했다.

여성이 타깃이라면 '음식'이 중요한 열쇠가 된다. 그때 내게 떠오른 것이 언젠가 잡지에서 본 야마가타현山形縣 쇼나이庄內의 '알 켓치아노'라는 이탈리아 음식점이었다. 오너셰프인 오쿠다 마사유키奧田政行 씨가 고향인 쇼나이의 바다와 산, 들에서 수확한 풍부한 식재료만으로 조리해 내놓은 이탈리아 요리가 호평을 받으며 전국에서 손님이 몰려든 덕에 예약조차 힘든 인기 식당이 됐다는 내용이었다.

그 오쿠다 씨가 제창한, 지역의 식재료를 이용한 '지역 이탈리아 요리'라면 고스게촌에서도 승부를 걸어볼 수 있지 않을까? 그렇게 생각한 나는 산천어와 곤들매기 같은 민물고기, 버섯과 고추냉이, 신선한 채소 등 강 발원지인 고스게촌다운 산물을 이용한 '발원지 이탈리안' 콘셉트의 이탈리아 음식점을 휴게소의 상징으로 삼기로 했다.

그 가게에서 피자를 팔고 싶었지만, 일반적인 피자로는 승부를 걸 수가 없었다. 고객의 기대치를 넘어서지 않으면 재방문으로 이어지지 않는다. 여러 날을 궁리하던 나는 이탈리아에서 장작 가마를 수입해 고스게촌의 장작으로 구운 본격 나폴리 피자를 판매하자고 제안했다.

이처럼 물산 코너에서 판매하는 상품부터 전시 공간 기획, 체험 프로그램, 식당 인테리어와 가구, 인터넷 홈페이지, 팸플릿에 이르기까지 모든 콘텐츠를 우리가 주도해 정해나갔다.

끝까지 정하지 못한 것은 운영체계였다. 시골에는 일자리가 없다고 곧잘 말한다. 하지만 인구가 줄어드는 고스게촌과 같은 마을은 반대로 일이 있어도 사람이 없는 단계에 접어들고 있었다. 그래서 우리는 다양한 인맥을 총동원해 지역에 관심이 있을 듯한 사람을 수소문했다. 그럼에도 일을 맡길 만한 사람이 나타나지 않아 마지막에는 사토유메에서 아르바이트하던 대학생에게까지 부탁했다. 휴게소 개설위원회를 통해서도 마을 여성들에게 시간제 근무를 부탁해 가까스로 최소한의 인원을 확보했다.

난제는 곳곳에서 터져 나왔다. 휴게소에서 판매할 지역 채소의 출하자를 모집한다든가, 휴게소 직원을 훈련하는 일 등은 아무리 애를 쓴다고 해도 반년 만에 목표에 도달하기 어려웠다. 따라서 촌사무소에 이야기해 개장을 반년 늦추기로 했다.

그렇게 동분서주하며 조금씩 모습을 갖춰갔지만 가장 큰 소동이 개장 전날 밤중에 일어났다.

파란만장한 출발

2015년 3월 28일, 나를 포함한 사토유메의 전 사원 세 명은 다음 날 개장에 대비해 온종일 상품 반입과 진열, 전시대 설치, 작동 이상 여부 등을 최종 확인하고 검사하는 데 여념이 없었다. 철야 작업이 될 것 같아 일단 묵던 곳으로 돌아가 식사를 하고 있는데 같은 홀에서 귀빈으로 보이는 사람과 식사를 하던 후나키 촌장의 모습이 보였다.

잠시 뒤 우리가 있는 것을 눈치챈 촌장이 우리 자리로 와서 놀랍게도 큰 목소리로 이렇게 쏘아붙이듯 말하기 시작했다. "정말 유감이오, 애초 내가 생각한 휴게소와 너무 차이가 나잖소. 여긴 내 정치 생명을 건 휴게소요! 왜 이렇게 돼버린 거요."

아무래도 촌장은 우리가 제안한 형태로 휴게소를 개장하는 것에 대해 줄곧 불만을 품고 있었고 차곡차곡 쌓아둔 감정이 한꺼번에 터져 나온 듯했다. 그는 서슬 퍼런 얼굴로 하고 싶은 대로 말을 쏟아낸 뒤 자리를 떠났다.

그가 몰아붙이는 기세에 눌린 나는 어리둥절한 채로 가만히 지켜보기만 했다. 같이 있던 두 명의 직원도 멍한 상태였다.

"시마다 대표님, 혼이 났네요. 이 휴게소 프로젝트는 이제 끝인 건가요." 식사도 제대로 못 하고 휴게소로 돌아가던 차 안에서 얼굴이 창백해진 직원이 말을 꺼냈다.

그에게 나는 이렇게 대답했다.

"뭐라고? 혼이 났다고? 촌장은 너무도 간절하게 우리에게 기대하고 있는 거야. 솔직히 회의에서도 거의 만날 수 없어 촌장 생각을 알지는 못했지만, 이 일에 자기 정치 생명을 걸었다고 말했잖아. 리더가 그 정도로 강한 의지를 지녔다면, 이 휴게소는 반드시 잘될 것이라고 생각해. 자, 마지막 마무리를 잘 합시다!"

직원은 어안이 벙벙한 얼굴이었지만 그때 나는 결코 강한 척한 게 아니라 정말로 그렇게 생각하고 있었다. 오히려 촌장이 감정을 드러내 속마음을 보여준 것이 기쁘기까지 했다.

직전에 파란이 있긴 했어도 다음 날인 29일 '고스게 휴게소'는 무사히 개장할 수 있었다. 환영행사에는 많은 관계자와 언론이 모였고 촌장도 웃는 얼굴로 인사를 나누었다. 막상 뚜껑을 열자 이탈리아 음식점도 호평이어서 마음이 놓였다.

그리고 개장 직후 뜻밖의 행운이 찾아왔다. TV아사히朝日 계열의 〈이치카라쥬(住)〉라는 프로그램에 고스케촌과 휴게소가 소개된 것이다. 연예인이 3개월간 지방에 살면서 현지에서 일을 찾아 이주체험을 하는 무대로 고스게촌을 골라주었다. 연예인이 고스게촌에서 생활하며 '고스게 휴게소'에서 일하는 모습이 3개월에 걸쳐 방송되고, 현지 재료로 만드는 이탈리아 요리와 이탈리아에서 공수해온 피자 가마가 소개되면서 방문객이 쇄도했다. 밀려드는 사람들로 인해 휴일에는 휴게소 식당이 만석이 될 정도였다. 실로 엄청난 반향이었다.

그런 순풍이 불어준 덕에 개장 후 1개월 만에 휴게소는 정상 궤도에 올라서고 운영체계도 갖추어졌다. 이로써 우리가 '고스게 휴게소' 프로젝트를 마칠 시점이 다가왔다. 마지막으로 우리는 프로젝트 기획 의도와 내용, 검토 경위, 작업 과정 등을 빠짐없이 기록한 15센티미터 두께의 보고서를 작성했다. 앞으로 휴게소를 운영해갈 사람들에게 줄 이 보고서를 촌사무소에 '납품'하는 것이 우리의 최종 업무였다.

촌장에게 그렇게까지 혼이 났으니 고스게촌과의 인연도 여기서 끝이다. 자신만만하던 나도 그렇게 생각했다.

고스게 휴게소가 드디어 문을 열었다. 이 마을의 특산품인 산천어를 형상화한 목각 조형물을 문패로 달고 발원지 이탈리안 콘셉트의 식당과 특산물을 전시‧판매하는 공간도 모습을 갖추었다.

특산물 판매 공간에는 특별히 '고향납세 자판기'를 설치해 고스게 마을 주민들이 재배한 채소와 수원지 물로 만든 맥주, 생수 등 선물꾸러미를 살 수 있도록 했다.

길고 긴,
'동반 달리기'가 시작되었다

사흘 뒤 아침 일찍 사무실 전화가 울렸다. 그즈음은 창업하고 2년 정도 지났지만 아침 일찍부터 전화가 걸려오는 경우는 없었다. 놀라서 받아보니 후나키 촌장이었다.

"시마다 씨, 보고서 봤어요. 그렇게까지 마을 일을 생각하며 애써줬구먼. 내가 미처 몰랐네. 개장 전날에는 내가 실례를 했어요. 죄송하네. 그나저나 한 번 더 고스게촌에 와주지 않겠소. 시마다 씨와 상의하고 싶은 일이 있어요."

생각지도 않았던 촌장의 요청에 놀란 한편으로 새로운 사실을 알게 되었다. 그간 우리가 작성해 촌사무소에 주던 자료가 촌장에게 공유되지 않았던 것이다. 그래서 촌장은 개장을 코앞에 두었을 때까지 어떤 휴게소가 되는지 몰랐다고 한다. "그런 일이 있었구나." 나도 모르게 한숨이 나왔다.

정신을 가다듬고 다시 고스게촌으로 가서 촌장과 대면했다.

촌장의 입에서 나온 말은 의외의 의뢰였다.

"고스게촌의 인구 비전과 지방 재생 종합전략 수립을 시마다 씨가 도와주면 좋겠어요. 앞으로 5년 정도 우리와 함께하면서 고스게촌의 재생 사업을 꾸준히 지원해주길 바라는데, 시마다 씨의 의향은 어떻소."

'지방 재생'이란 2014년 제2차 아베安倍 내각이 지방 인구 감소에 제동을 걸어 일본 전체의 활력을 끌어올리자는 목표 아래 내건 핵심 정책이다. 내각은 전국 지자체에 인구 동향 및 미래의 인구 추계, 인구 목표 설정을 실행하는 '인구 비전'과 그 목표를 달성하기 위한 정책을 5개년 계획으로 체계화해 '지방 재생 종합전략'을 수립하라고 요구했다. 그 가운데 실효성 높은 전략을 중앙정부가 선정해 자금을 지원하겠다고도 했다.

그때까지 정부의 지방 지원은 인구나 고령화율, 지리적 조건 등을 감안해 전국 지자체에 두루 공평하게 보조금을 나눠주는 것이 기본이었다. 하지만 이 '지방 재생'은 '선택과 집중'을 기본으로 삼았다. 유효성, 현실성 높은 계획을 만든 지자체에는 집중적으로 재원을 투입해 성공 사례를 만들지만 그렇지 않은 지자체는 버리겠다는 태도를 명확하게 내보인 것이다.

그러다 보니 무수한 억측이 나오기도 했다. 이 '지방 재생' 정책 이후 인구 감소에 제동을 건 지자체와 그렇지 않은 지자체를 선별해 새로운 지자체 통합을 추진하는 것 아니냐는 예단과 불만이 곳곳에서 불거진 것이다. 이러한 정부 정책이 현실화된다면 인구가 급감하고 있는 고스게촌 같은 곳이야말로 생사의 벼랑 끝으로 내몰릴 게 뻔했다.

후나키 촌장이 배수의 진을 치고 도전하는 중대한 비전 수립에 관여하는 것은 지역 만들기를 목표로 삼아온 우리로서는 영광이 아닐 수 없었다. 게다가 휴게소 개장 전날의 '사건'을 통해 촌장이 마을 만들기에 얼마나 열정을 쏟는가도 확인한 터였다. 그 촌장의 기대에 부응하겠다는 마음도 컸다.

그렇게 고스게촌과의 긴 '동반 달리기'가 시작됐다.

미션 임파서블,
인구 비전 수립하기

고스계촌의 '인구 비전'을 수립하기 위해 먼저 인구 시뮬레이션을 진행했다. 이것은 개선책을 내놓지 못했을 경우 앞으로 고스계촌의 인구가 어떻게 변해갈지를 계산하는 작업이었다. 정부의 '인구 비전'에서는 2060년까지 인구 추계, 인구 목표를 설정하도록 하고 있었다.

결과는 상상 이상으로 심각했다. 앞으로 마을 인구는 매년 10~20명씩 줄어들어 2040년에는 460명, 2060년에는 290명이 된다는 숫자가 나왔다. 이해하기 쉽도록 설명하자면, 이것은 야마노테선山手線(JR 동일본이 소유한 도쿄의 도심 순환 철도 노선―편집자) 안쪽 넓이와 크게 다르지 않은 53제곱킬로미터의 마을에 러시아워 때 야마노테선 전철 한 차량에 타는 사람(300명 정도)밖에 살지 않는다는 의미였다.

인구 추계는 세상에 있는 다양한 추계 가운데에서도 가장 정확도가 높다고 한다. 현재의 인구, 연령 구성, 출생률 등을 입력하면 몇 년 뒤에는 어느 정도 인구가 된다는 예측값이 매우 정확하게 나온다. 인구가 300명 아래로 떨어지면 다양한 인프라와 공동체 유지가 어려워지고 마을로서의 존속이 위태로워지는 것은 누가 봐도 분명했다. 이대로라면 고스게촌은 사라져버린다.

이 인구 시뮬레이션 결과를 들은 후나키 촌장은 미간에 주름을 지으면서 입을 열었다. "현재 700명 인구는 마을을 존속시키기 위한 최저선이오. 시마다 씨, 이 700명을 어떻게든 유지하고 싶소. 시마다 씨가 그를 위한 전략을 짜내준다면 그것을 '고스게촌 지방 재생 종합전략'으로 내놓을 예정이에요."

그때까지 다양하게 지역 관련 일을 하고 계획을 만들어 왔지만, 이번 의뢰는 차원이 달랐다. 관광객 숫자나 사업 매출 등이 아니라 구체적인 숫자로 나타나는 마을의 인구 유지가 목표였다. 인구를 KPI(중요업적평가지표)로 삼는 것은 처음이었다. 노년층 비율이 45퍼센트를 넘는 고스게촌에서 현재 인구를 유지하기 위해서는 자연 감소를 넘어서는 사회적 증가, 즉 이주자를 늘리는 방법밖에 없었다.

그렇다면 2040년, 2060년에 인구 700명을 유지하기 위해 이주자가 얼마나 필요하고 어느 정도로 출산율을 올려야 할까. 서둘러 계산해봤더니 매년 40명 정도의 이주자, 그것도 20~30대 젊은층 이주자를 확보하고 출생률도 평균 1.4~1.6으로 현재보다 10퍼센트가량 높여야만 했다. 그때까지 고스게촌에는 매년 20명 내외의 이주자가 있었지만 학교 교사와 보육사, 촌사무소 근무자 등 순환 보직으로 들어온 사람들이 대부분이었다. 다시 말해 자신의 의지와 무관하게 이곳으로 발령받아 들어왔다가 몇 년후 임기를 마치면 미련 없이 떠나갈 사람들이었다.

　이런 상황에서 40명이라는 숫자는 그야말로 난이도 최상을 넘어 비현실적인 수치였다. 그렇다고 손 놓은 채 포기할 수는 없었다. 우리는 즉시 불가능에 가까운 목표를 달성하기 위한 지방 재생 종합전략 수립에 착수했다.

'분수촌민 제도'를
적용해보면 어떨까?

인구 목표를 달성하기 위해 필요한 이주자 숫자는 파악했지만, 과연 젊은이가 이런 산속 마을로 이주해올 것인가? 너무도 어려운 문제였다. 해결책을 찾아내지 못한 채 날짜만 흘러갔다. 그러던 어느 날 뜻밖의 상황에서 돌파구를 찾아냈다. 사토유메의 사외 프로듀서인 와타나베 사토루渡邊知 씨와 한잔 하고 있을 때였다. 젊은이가 이주하도록 유인할 만한 좋은 아이디어가 떠오르지 않는다고 이야기하자 그는 나에게 이렇게 물었다.

"만약 시마다 씨가 이주한다면 어디가 좋을 거 같아?"

기억에 남는 몇 곳이 머리에 떠올랐다. 아버지의 본가가 있는 나가사키長崎 고토 열도五島列島, 어머니 본가인 돗토리鳥取, 대학 시절을 보낸 교토 구모가하타, 사토유메 창업 동료를 만난 나가노현 시나노정, 거의 매주 오가는 고스게촌….

머뭇거리는 나를 보며 와타나베 씨가 계속했다.

"음, 한 곳을 고르는 것이 정말 어렵네. 여러 지역에 조금씩 살아보고 싶은 거잖아. 예를 들어 3분의 1은 돗토리에, 3분의 1은 고토 열도에, 3분의 1은 시나노정에 하는 식으로. 아니면 10분의 1씩 여러 지역에 사는 것도 좋을 수 있겠네. 시마다 씨가 그렇게 생각하는 상황에서 다른 사람에게 고스게촌으로 이주하라고 밀어붙이는 건 무리야. 적어도 몇 분의 1만이라도 무리 가지 않는 범위에서 고스게촌과 관계를 갖도록 하는 방향으로 출발해도 좋지 않을까."

그 말에 눈이 번쩍 뜨였다. 전국 어디든 여행으로 떠나서 자유롭게 일을 고를 수 있는 지금 같은 시대에 사람과 지역의 관계를 억지로 분류해 하나로 묶으려는 생각이야말로 구태의연한 것이 아닐까? "소중한 우리 마을을 지켜야 해요. 그러니 이곳으로 이주해오세요."라는 발상이야말로 너무나 자기중심적인 사고가 아닐까? 대신 그 사람 인생의 10분의 1만이라도 고스게촌에 머물며 행복한 삶을 꾸리게 할 수 있다면, 그것만으로도 기쁜 일이 아닐까? 그렇게 고스게촌을 방문한 사람들 중 누군가가 자기 생애의 3분의 1을 이곳에서 머물게 되고, 그것이 2분의 1이 되고, 언젠가 몇만 명 중 하나라도 완전히 이 마을에 정착하기 위해 이주해온다면… 그런 방식이야말로 자연스럽고 좋지 않을까?

그렇게 생각할 때 갑자기 '3분의 1 촌민' '2분의 1 촌민'이라는 말이 머리에 떠올랐다.

"분수촌민이라는 콘셉트는 어떨까? 몇 번이고 고스게촌을 오가는 사람은 3분의 1 촌민, 마을 바깥에서 고스게촌의 일에 참가한다든지 마을 만들기 활동에 참여해주는 사람을 2분의 1 촌민이라고 부르는 건 어떨까? 그중에서 온전하게 정주하는 1분의 1 촌민이 나와준다면 더없이 좋을 테고." 나는 와타나베 씨에게 그렇게 물었다.

"그거 좋네. 지금 어느 지자체든 이주 장려에 나서고 있지만, 저출산으로 애초 젊은이 숫자가 줄어드는 상황이잖아. 점점 작아지는 조각을 서로 차지하려고 해봤자 누구도 행복해지지 않아. 지금 시마다 씨가 말한 대로 해봐."

결정됐다. 이 콘셉트가 나온 뒤로 그때까지 머리를 싸매고 고민해온 과정이 거짓이기나 한 것처럼 여러 아이디어가 샘솟았다.

이 '분수촌민 제도'라는 콘셉트를 촌장에게 이야기하자 그는 "그거 재밌네."라며 흔쾌히 동의했다. 곧바로 종합전략 수립위원회에 자문한 뒤 이를 기초로 정책 체계를 만들었다.

최근에는 행정기관에서도 이주해온 '정주인구'나 관광으로 온 '교류인구'가 아니라 지역과 다양하게 연계되는 사람을 가리키는 '관계인구'라는 말을 일반적으로 쓰지만, 이 '분수촌민 제도'라는 발상이야말로 그런 방향의 초기 모델이었다고 자부한다.

유역 DMO
'주식회사 미나모토' 설립

2016년 2월 분수촌민 제도를 중심으로 수립한 '고스게촌 지방 재생 종합전략'(정식 명칭: 고스게촌 마을·사람·일 재생 종합전략)이 마을의 검토위원회 승인을 거쳐 정식으로 채택됐다. 일반적인 컨설팅 회사라면 여기서 역할이 종료되지만, '동반 달리기'를 내세우는 사토유메는 반대로 여기서부터가 시작이었다.

"시마다 씨, 이 종합전략에 쓴 것 전부 실현해줄 거지요."

전략이 채택되자마자 촌장이 전화를 걸어 나에게 요청했다. 이에 따라 종합전략의 핵심으로 맨 처음 손댄 것이 유역 DMO '주식회사 미나모토源' 설립이었다.

그즈음 국토교통성 자료 등에서 '지방 재생'과 관련된 관광 분야 키워드로 DMO Destination Marketing/Management Organization라는 말이 자주 오르내렸다. DMO란 미국이나 유럽의 관광선진국을 중심으로 발전해온 조직으로 일본에서도 2015년에 '일본판 DMO

후보법인 등록제도'가 생겨 주목받았다. 일본판 DMO를 관광청
은 다음과 같이 정의한다.

'지역의 소득을 창출하는 힘'을 끌어내고 지역에 대한 자긍심과 애
착을 양성하는 '관광지 경영'의 시점에서 관광 지역을 조성하는 길
잡이이자, 다양한 관계자와 협동해 명확하고 구체적인 콘셉트에
기초한 관광 지역 조성을 위한 전략을 수립, 이를 착실해 구현해
나가는 주체로서 '조정 기능을 발휘하는 법인'이다. 말하자면 관광
지역으로서 매력을 높이기 위해 관민이 폭넓은 연대를 통해 마케
팅이나 브랜딩, 상품 조성, 프로모션 등을 실시해 관광객을 유치함
으로써 지역을 활성화시키는 것을 목적으로 하는 조직이다.

고스게촌의 종합전략을 실현해 나가는 과정에서 우선 우리는
이 DMO에 착안했다. 3분의 1 촌민→2분의 1 촌민→1분의 1 촌
민 제도를 통해 단계적으로 교류인구→관계인구→정주인구(이주
자)를 늘려가는 것이 종합전략의 기본 콘셉트였다. 하지만 임시
변통으로 일을 진행할 경우 인구 유지라는 장기적 목표 달성은
불가능해진다.

분수 촌민의 단계를 착실하게 밟아나가기 위해서는 마케팅 데
이터에 기초해 효과적인 전략을 구축하고 정책으로 실행해갈 필
요가 있었다. 이런 일련의 작업을 하는 데 DMO라는 조직이 효

과적으로 기능하지 않을까 생각한 것이다. 다만 마케팅 조사나 전략 수립만으로는 수입이 생기지 않는다. 당연히 업무를 맡을 직원을 고용할 수도 없었다.

수익사업이 절대적으로 필요했다. 이 지역에서 돈을 벌어들일 수 있는 방법이 무엇일까 고민하던 때 촌장에게서 자주 들었던 마을의 과제가 문득 떠올랐다.

'고스게 휴게소'에는 '고스게 온천'이라는 마을 운영 온천 시설과 '포레스트 어드벤처 고스게'라는 체육시설이 인접해 있다. 이 세 개의 시설은 같은 터 위에 있는 것과 마찬가지였지만 따로따로 직원을 고용했고, 인터넷 홈페이지도 팸플릿도 제각각 따로 만들었다. 마을의 공동 재산임에도 거의 연계가 없이 운영돼온 것이다. 게다가 '고스게 온천'은 경영이 어려운 적자 상황이 여러 해째 이어지고 있었다.

낭비가 아닐 수 없었다. 하나의 조직으로서 정보를 제공해 세 개의 시설을 패키지로 이용하게 유도한다면 고객 처지에서는 체험 가치가 높아지고 마을 수익도 늘어날 것이다. 가령 가족 단위 고객이 체육시설에서 놀고 난 뒤 휴게소 식당에서 피자와 파스타를 먹고, 고스게 온천에서 땀을 뺀 후 휴게소 물산관에서 물건을 사서 돌아가는 식이다. 한나절이나 하루 정도 느긋하게 이곳에서 지내며 돈을 쓰게 하는 것이다.

이 세 개 시설을 통합해 운영하는 조직을 만드는 게 급선무였다. 그 조직에 '분수촌민 제도'를 추진하기 위한 마케팅과 전략 수립, 나아가 지역 생산품의 품질관리 같은 업무 기능을 추가해 다마가와 유역에 새로운 사람의 흐름을 만들어내는 DMO를 설립하면 어떨까?

나의 구상을 들은 촌장도 적극 찬성을 했다. 곧바로 마을의 전문가들이 중심이 된 검토위원회를 소집, 반년 동안 정관·조직 체제·사업계획 등을 논의한 뒤 2017년 3월 후나키 촌장이 사장으로 취임한 '주식회사 미나모토'를 설립했다.

촌민을 늘리기 위해 개발한
몇 개의 정책 사업들

회사를 설립해 세 개의 시설을 통합 운영하면서 효율적인 PR과 서비스 향상을 꾀할 수 있었고 그 효과는 서서히 나타났다. 가족 단위 관광이 늘어나 매출은 해마다 오르고 2020년에는 고스게 온천도 흑자로 돌아서 자립 가능성이 보였다. 고스게 휴게소 주차장은 평일에도 70~80퍼센트가 찼고 주말에는 인근의 마을 운영 운동장 등을 임시주차장으로 쓰지 않으면 안 될 정도로 번성했다. 그 기세를 타고 우리는 '주식회사 미나모토'를 중심으로 촌사무소, 주민, 사업자와 함께 분수촌민을 늘리기 위한 갖가지 정책을 더 추진했다. 몇 가지 중심 사업을 소개해보겠다.

고스게촌 종합 정보 사이트 '고, 고스게에-'

몇 번이고 마을을 찾아주는 재방문 관광객(3분의 1 촌민)을 늘리기 위해서는 계절마다 관광 정보나 상품 정보를 꾸준히 업데이트해 알릴 필요가 있었다. 마을 밖에서 지역 활동에 참가하거나 고향 납세를 해주는 등 마을 만들기에 참가·협력해주는 사람(2분의 1 촌민)에게도 마을의 다양한 활동 정보와 이벤트 정보를 제공할 필요가 있었다. 나아가 진심으로 이주를 생각하기 시작한 사람이라면 마을의 주택 정보, 쇼핑, 교육, 육아 활동 등 생활에 뿌리를 둔 지역 정보를 알고 싶을 것이다.

당시 마을에는 촌사무소와 관광협회 인터넷 사이트가 있었지만, 정보를 업데이트하는 빈도도 낮고 각각 필요한 정보만 다루어서 고스게촌의 매력을 제대로 전달하기에는 턱없이 부족했다. 그래서 새로운 정보 발신 매체를 만들기로 했다. "언뜻 '아무것도 없는' 마을로 보일지 모르지만 실은 '여기 대단한' 곳이에요."라는 자부심을 담아 고스게촌을 즐길 수 있는 종합정보사이트 '고, 고스게에-'라고 이름 지었다.

매체를 만들면서 특히 염두에 둔 것은 누가 기사를 작성하고 편집하고 발신하는가였다. 현재, 전국 각지에서는 셀 수 없을 정도로 많은 지역 매체가 만들어지고 있다. 보조금이 나올 동안에는 전문 필자나 사진기사에게 부탁해 정리된 사진과 문장으로 새 정보를 제공하지만, 보조금이 끊기면 갑자기 운영이 중단되는 일도 많다. '고, 고스게에-'는 보조금이 있든 없든 상관없이 항상 새로운 정보를 올리고 계절에 맞는 정보를 계속 발신하는 동적인 매체로 만들고 싶었다.

그러기 위해서는 바깥의 전문가에게 운영을 맡기는 것이 아니라 마을 주민이 스스로 기사를 작성, 편집, 발신해야만 한다. 하지만 마을에 그런 기술을 가진 사람이 있을 리 만무했다. 우리는 우선 '촌민 집필 희망자'를 모집해 기사를 쓰고 사진 촬영 기초를 배우는 촌민 대상 '글쓰기 강좌'와 '사진 촬영 강좌'를 마련했다.

　이 강좌에 마을에서 태어나 자란 임업가, 가족이 이주해온 주부, 지역 부흥 협력대의 젊은이 등 이력이 제각각인 10명 남짓의 지망자가 모였다. 그들은 모두 자신이 좋아하는 고스게촌을 더 많은 사람이 알도록 하고 싶다는 열정이 넘쳤다.

　'고, 고스게에―'가 설립되고 3년 정도 지났다. 주식회사 미나모토의 직원이나 주민 집필자의 꾸준한 노력으로 지금은 연간 80만 페이지뷰를 기록하는 매체로 성장했다.

　한 가지 기사 사례를 든다면 '임도! 국도! 고개! 오토바이로 즐기자 고스게촌 투어링 명소 소개' '산천어 소금구이를 사서 맛보고 싶다, 간단 응용 레시피' '여름은 시원한 고스게촌에서 캠핑―다마가와 캠프촌은 어떤 곳?' 같은 3분의 1 촌민 대상 관광·물산 정보부터 '고스게촌의 고향 납세에 대해 담당자에게 들었다' '2분의 1 촌민과 마을 만들기 기획! 매실 수확 자원봉사를 실시했습니다' 같은 2분의 1 촌민을 위한 정보 등이 있다.

　또 '고스게중학교는 어떤 곳? 고스게중학교의 수업·동아리활동·행사 등의 모습을 들었다' '시골에서 새롭게 일하기! 고스게촌의 원격근무 실천자 인터뷰!' '시골 생활에 흥미 있는 여성 필독! 고스계촌에서 실시하는 '촌콘'이란?!'처럼 마을 사람의 삶을 담당자 시선으로 알리는 것이 이 매체의 최대 특징이다.

이 사이트에 더해 페이스북, 트위터, 인스타그램 등의 SNS를 활용해 실시간 정보를 수시로 내보내고 있다. 실제로 '고, 고스게에-'의 기사를 읽고 이주를 결정한 사람이 있을 정도다.

가상촌민표 '고스게촌민 포인트 카드'

실은 분수촌민이라는 콘셉트를 생각해냈을 때 관광객이나 연구로 마을과 관련이 있는 학생, 일로 연관된 사회인도 가능하다면 이른 단계에서부터 마을에 애착을 가질 수 있도록 고스게촌의 주민표를 교부한다든가, 촌장 선거나 의원 선거의 선거권과 피선거권을 줄 수는 없을까 하고 꿈을 꾸었다. 하지만 그런 구상은 지자체법이나 선거법 등의 법적인 걸림돌이 있어 실현하기가 어려웠다.

그래서 대신 가상주민표 '고스게촌민 포인트 카드'라는 카드 시스템을 구축하기로 했다. 마을과 관계를 두텁게 하고 싶다는 의지가 있는 사람에게 '2분의 1 촌민'으로 등록하도록 해 고향 납세정보, 이벤트 정보, 신상품 정보, 마을 조성 활동 정보 등을 세세히 알려주려는 시도였다.

이 카드를 가지고 있으면 휴게소 식당이나 물산관, 고스게 온천 등을 이용할 때마다 포인트가 쌓여 마을 내 시설을 이용할 때 할인받는다든지 상품권을 받을 수 있다. 또 마을 바깥의 가맹점이나 인터넷쇼핑몰에서도 포인트를 쌓거나 사용할 수 있다.

이 포인트 카드의 회원 숫자는 2021년 10월 현재 2,500명 정도로 고스게촌 인구의 3배를 넘는다.

새로운 특산품 '산천어 앤초비'

유역 DMO '주식회사 미나모토'와 정보 발신 매체 '고, 고스게에-', 가상주민표 '고스게촌민 포인트 카드' 등은 마을과 관계가 깊어지도록 유도하는 OS_{Operation System} 역할을 한다. 그 OS 위에서 움직이는 애플리케이션 같은 콘텐츠(상품, 서비스, 이벤트 등)도 만들었다. 그중에서도 고스게촌의 새로운 특산품으로 히트작이 된 것이 고스게 휴게소에서 한정 판매하고 있는 '산천어 앤초비'이다.

휴게소의 이탈리아 음식점은 TV 프로그램 무대로 활용되는 등 순풍이 불어 순조롭게 출발했다. 하지만 '고스게촌의 얼굴'이 될 만한 대표상품을 개발하지 않으면 장기적으로 휴게소를 찾아오는 손님은 줄어들 우려가 컸다. '고스게촌에 일부러 와야만 하는 이유'를 계속해서 만들어내야만 했다. 음식점과 달리 물산 코너는, 인테리어를 완전히 새로 했음에도 갖춘 상품은 '물산관' 시대와 별로 달라지지 않았다. 따라서 여름에는 신선한 '발원지 채소'를 찾는 고객으로 붐볐지만, 겨울에는 상품 종류가 적어서 매출이 늘지 않았다. 무언가 특색 있는 상품이 필요했다. 늘 판매할 수 있는 고스게촌 특유의 가공식품을 개발해 대표상품으로 만들 수는 없을까?

그래서 착안한 것이 계곡에 사는 고기인 산천어였다. 고스게촌은 일본 최초로 산천어 인공부화, 양식의 민간사업화에 성공한 마을이다. 전성기에는 8곳, 당시에도 3곳의 양어장에서 다마가와의 맑은 물을 끌어와 산천어, 곤들매기, 무지개송어, 대형 무지개송어 등의 민물고기를 양식하고 있었다. 게다가 민물고기는 겨울에도 건강하게 키울 수 있어서 일년 내내 안정된 출하를 할 수 있는 체제가 갖추어진 상태였다.

프로젝트 리더로서 상품 개발을 주도한 사람은 대학 4학년 때 사토유메에서 아르바이트를 했던 기쿠치 고스케菊池紅輔였다. 그는 사회인이 되면서 지역의 현장을 경험하고 싶다며 지역 부흥 협력대의 일원이 되었고 고스게촌에 살면서 휴게소 개장을 현장에서 지원해주었다. 그런 그가 음식 코디네이터와 디자이너 등에게 요청해 시행착오를 거듭한 끝에 탄생시킨 것이 일본 최초의 '산천어 앤초비'였다.

한난 차가 심한 고스게촌의 맑은 물로 양식해 단단한 산천어 살과 내장을 소금에 절여 1개월 정도 상온에서 발효·숙성시킨다. 그 뒤 살을 발라내 올리브유와 채종유에 절여 일반적인 정어리 앤초비보다 가볍고 씁쓸한 맛이 없는 산뜻한 상품을 만들어냈다. 현재 '산천어 앤초비 피자'는 식당 간판 메뉴가, 포장한 '산천어 앤초비'는 물산관의 간판 상품이 되었다. 휴게소가 TV나 신문 등 언론에 등장할 때도 이 상품은 늘 소개되었고 그 덕에 전국에서 주문이 끊이지 않을 정도로 인기 특산품으로 우뚝 섰다.

촌민이 좀비로! '좀비촌 KOSUGE'

"고스게촌을 전혀 모르는 사람들이 흥미를 보일 수 있도록 하려면 어떻게 해야 좋을까요?" 어느 날 마을 만들기를 맡은 유지 모임에서 사토유메 직원이 이런 질문을 던졌다. "마을을 무대로 촌민이 좀비로 분장하는 것은 어떨까요⋯." 그런 아이디어가 주민에게서 나와 참가자들이 들뜬 분위기로 시작한 것이 그 후 언론에서 화제가 된 '좀비촌 KOSUGE' 기획이다.

2017년 11월에 개최된 '제24회 야마나시현 고스게촌 농산물 축제'에서 주민이 좀비로 분장해 고스게 온천과 그 주변에서 하루 동안 유령의 집을 운영한 것이다.

주민들은 어차피 할 거라면 어중간하게 할 게 아니라 진짜 무서운 걸 좋아하는 사람이 감탄할 정도로 하고 싶다고 입을 모았다. 따라서 큰 유원지 등에 유령의 집을 제작하고, 영화처럼 본격적인 좀비 분장을 한 네 살 유치원생부터 83세 할머니까지 총출동해 고스게 온천에 온 손님을 맞았다, 아니 겁을 줬다.

적극적인 홍보 덕에 행사 당일에는 좀비 마을을 보러 보통 때의 두 배나 되는 약 3,000명이 행사장을 찾았고 미국이나 영국, 인도 등 해외 언론과 도쿄에 본사를 둔 많은 언론사의 취재도 몰려 대성황을 이루었다.

이 좀비 기획의 성과는 무엇보다도 마을 주민 전체를 끌어들인 이벤트였다는 점에 있다. 남녀노소 가리지 않고 마을 사람들이 기꺼운 마음으로 재미있게 참가해준 덕에 고스게촌의 화목한 분위기까지 외부에 전해졌을 게 분명하다.

마을 사람들에게 이 이벤트를 요청하자 처음에는 "웬 좀비

냐?"라며 어리둥절해 하는 분위기가 없지 않았다. 그럼에도 고스
게촌을 알리기 위해서라면 무엇이든 하겠다며 모두가 기꺼운 마
음으로 협력해주었다.

포인트 카드, 매체, 메뉴·상품 개발 등은 고스게촌을 원래 알
고 있는 사람이나 관광객을 타깃으로, 오랜 시간을 두고 인지·
구매·이용을 늘려가는 차분한 정책이다. 하지만 누구도 생각하
지 않았던 '좀비촌 KOSUGE' 같은 참신한 시도를 하면서 외부의
호기심을 자극했고, 이를 통해 마을에 대한 주목도를 획기적으로
높일 수 있었다. 이렇게 마을을 알려나가기 위한 이벤트라면 뭐
라도 괜찮다고 우리는 생각했다.

관광객이 두 배,
인구도 700명을 유지

여기서 언급한 정책 이외에도 고스게촌을 응원하고 싶어 하는 2분의 1 촌민을 모은 해커톤 이벤트 '고스게 오픈 빌리지', 바이커가 스탬프를 모아가면서 고스게촌을 목적지로 달리는 '발원지 랠리', 마을 유지가 모여 고스게촌을 활성화할 방법을 논의하는 '고스게촌 DMO 추진회의', 마을 주최 '타이니하우스 디자인 콘테스트' 등 일일이 열거할 수 없을 정도로 수많은 도전을 했다.

이벤트를 개최할 때마다 우리는 보도자료를 배포했고, 기자들이 현장 취재를 하면서 "고스게촌, 분위기가 뜨겁네요." "TV에서 봤어요." 같은 말을 들을 기회도 늘어났다. 〈야후! 뉴스〉 등에서도 종종 화제의 마을로 등장했고 지금은 '지방 재생의 성공 모델'로 고스게촌에 시찰 오는 지자체 사람도 많다.

우리가 서로 손잡고 동반 달리기를 시작했을 즈음에는 그야말로 무명이던 산속 마을이 전국적으로 알려지는 모습을 지켜보는 것은 그야말로 큰 보람이고 기쁨이었다.

그간의 정책 효과는 실제 숫자로도 나타났다. 2014~2018년 5년간 고스게촌을 방문한 관광객은 8만 명에서 18만 명으로 두 배이상 늘어났다. 야마나시현에서도 가장 큰 증가율이었다. 그 사이 22세대 75명의 육아 인구가 이주해 와서 마을 초등학교 아동 숫자가 23명에서 36명으로 늘었다. 게다가 마을에는 새로운 벤처 기업이 다섯 개나 탄생했다.

그리고 무엇보다도 중요한 지표인 고스게촌의 인구는 2019년 당시 720명. 인구 비전을 세울 때 시뮬레이션 상으로 660명 정도로 줄어든다는 계산이었지만 그보다 60명이나 더 늘었다. 어느새 미래가 바뀌어 가고 있었던 것이다. '미래를 바꾸자'라고 곧잘 말해왔지만, 미래를 바꿀 수 있다고 내가 피부로 실감한 것은 이때가 처음이었다.

4장

700명
마을이 하나의 호텔로

마을에 숙박하도록 만들기 위해

고스게촌을 찾아오는 관광객 숫자가 '고스게 휴게소'를 열었을 즈음의 약 두 배가 되고 젊은 세대 이주자도 서서히 늘어나 마음 놓은 것도 잠시일 뿐, 새로운 과제가 부상했다. 숙박시설의 수용 능력 부족 문제였다. 내가 고스게촌을 오가기 시작할 무렵 8채이던 여관과 민박은 경영자의 노령화 등으로 폐업이 이어져 5채로 줄었다. 휴게소나 고스게 온천에서 실시한 설문조사에서도 '마을의 숙박시설에 묵었거나 묵는다'고 대답한 관광객은 거의 없었다. 고스게촌은 당일치기로 거쳐 가는 관광지인 것이 분명했다.

이대로 둬서는 절대 안 되었다. 관광객이 고스게촌에서 숙박을 한다면 경제 효과는 지금과 차원이 다르게 커질 것이다. 무엇보다 숙박객 증가는 앞으로 젊은 세대 이주자를 늘려가려는 데 중요한 변수인 고용 창출과도 관련이 깊었다. 또 2분의 1 촌민이나

1분의 1 촌민을 늘려간다는 측면에서 볼 때도, 고작 몇 시간 체류로 마을에 대한 애착이 생기기를 기대하기는 어렵다. 이곳에서 하룻밤이라도 묵으면서 마을 생활을 체감할 수 있다면 "이런 마을에 살고 싶다"는 생각이 싹틀지도 모른다.

이런 판단 아래 "서둘러 새로운 숙박시설을 만들자"고 촌장에게 제안했다. 촌장의 동의는 바로 얻었지만, 그때부터가 문제였다. 멋있는 호텔을 지으려고 해도 예산이 없고 호텔 운영 노하우도 없었다. 발원지 마을다운 한가롭고 조용한 환경을 훼손하면서 시설을 세우는 것도 안 될 말이었다.

그때 촌사무소의 빈집 실태조사를 통해 마을에 100채가량 비어 있는 고민가가 있으며 그중 30채 정도의 집주인은 제3자에게 임대하거나 양도할 의사를 표했다는 내용을 알아냈다. 그 말을 들으며 반짝 아이디어가 떠오르기는 했다. 하지만 흔히 '고민가 숙박시설'이라면 이로리囲炉裏(일본 고민가의 마루 정중앙을 사각형으로 파내고 그 안에 불을 피울 수 있게 만든 것-편집자)가 있고 꼬치에 끼운 채소나 민물고기를 숯불에 굽는 낡은 시골 이미지밖에 떠오르지 않는다. 그런 숙박시설에 젊은 손님이 묵으러 올까….

이거다, 하는 답이 떠오르지 않는 채로 시간만 흘렀다.

'분산형 호텔'이라는
새로운 형태가 있었다

그로부터 얼마 지나지 않아 효고현兵庫縣 단바사사야마丹波篠山의 고민가 호텔이 화제라는 이야기를 들었다. 나는 지푸라기라도 잡는 심정으로 바로 사토유메 동료들과 시찰을 가기로 했다. 기억하건대 분명 2017년 1월쯤 일이다.

'사사야마 성아랫마을 호텔 NIPPONIA'

그곳에는 지금까지 내가 본 적 없는 이상한 형태의 호텔이 있었다. 성아랫마을 사사야마에 띄엄띄엄 비어 있는 10채의 고민가를 젊은이들이 좋아할 만한 감각적 인테리어로 멋있게 재단장해서 통합 운영하는 방식이었다. 이런 형태를 '분산형 호텔'이라 부른다는 것을 그때 처음 알았다.

지금까지 여관업 관련 법에서는 객실이 마련된 건물에는 반드시 프런트를 두어서 직원이 상시 대응할 수 있도록 운영해야만 했다. 그런데 사사야마의 경우, 국가전략 특구제도를 적용해 그 설치의무가 완화되었다. 이로써 모든 동에 프런트를 두지 않아도 시설 직원이 10분 이내에 응대할 수 있으면 호텔 운영이 가능해진 것이다. 일반 주거로 사용하던 고민가를 개조해 객실을 만들면 기껏해야 서너 개 정도다. 그런 상황에서 각 동에 프런트를 두고 직원을 상주시키면 비용면에서 비효율적일 수밖에 없다. 반면 사사야마 같은 분산형 호텔이라면 사업 수지도 안정된다.

이 시찰을 통해 사사야마를 비롯해 전국에서 고민가 재생 사업을 벌이고 있는 '주식회사 NOTE' 대표 후지와라 다케시藤原岳史 사장과 만났고 그에게 고민가를 호텔로 재생하기 위한 노하우 등 여러 이야기를 들을 수 있었다. 나아가 사사야마의 사업을 높이 평가한 정부에서 조만간 여관업법을 개정해 국가전략 특구 이외 지역에서도 분산형 호텔 영업이 가능해질 것이라는 귀중한 정보도 얻었다.

사사야마 시찰에서 돌아온 나는 촌사무소에 가서 후나키 촌장에게 고민가를 활용한 분산형 호텔 기본구상을 짜보겠다고 제안했다.

"아, 하면 되지. 재미있겠어요. 부탁해."

후나키 촌장은 언제나 이런 식이었다. 고스게촌에서는 좋은 아이디어가 떠오르면 누구라도 촌장에게 직접 제안을 할 수 있다.

이렇듯 열린 자세로 주변의 목소리에 귀 기울이고 민첩하게 판단해 실행하는 리더가 지역을 바꿔 가는 것이다.

다만 인구 700명의 작은 마을에 분산형 호텔을 만들겠다고 갑자기 발표해버리면 주민들은 당혹스러워 할 것이다. 불안해서 반대하는 사람이 나와도 하등 이상하지 않다. 따라서 고민가를 재생해 만드는 분산형 호텔이 무엇인지를 주민들에게 차근차근 알릴 필요가 있었다. 어떤 정책이라도 마을 사람의 협력을 얻지 못하면 쉽지 않다는 것을 나는 지금까지 경험으로 뼈저리게 느꼈다. 단계를 밟아 이해를 구하는 것이 무엇보다도 중요했다.

우선 NOTE의 후지와라 사장에게 '고민가 재생 프로젝트'에 대해 고스게촌에서 강연을 해주도록 부탁했다. 30~40명의 마을 주민만 모여도 그럭저럭 다행이라고 생각했는데 놀랍게도 강연회에는 100명이나 와서 귀를 기울였다. 이 프로젝트에 대한 관심이 얼마나 높은지, 마을을 새로 일으키려는 주민의 의지가 얼마나 강한지를 절감했다. 마음 든든했다.

지은 지 150년 된
고민가가 낙점됐다

그 후 NOTE의 후지와라 사장과 직원의 도움을 받아 20채 정도의 빈집을 하나 하나 돌며 외관, 내부, 구조, 건물의 손상 정도 등을 꼼꼼히 조사했다. 지붕이나 벽이 무너져내려 이미 집의 형태를 잃었다든지, 현대식으로 고쳐 '고민가'라는 이미지와 동떨어진 집도 적지 않아서 프로젝트에 적합한 빈집은 좀처럼 찾을 수 없었다.

후지와라 사장에 따르면 분산형 호텔로 수지를 맞추기 위해서는 적어도 네 개 동이 필요하다고 했다. 거기에 몇 개의 객실을 만들 수 있는가, 건물 손상은 어느 정도인가, 접근성은 좋은가 등 조건을 따져봐야 했다. 이와 더불어 반드시 고려해야 할 두 가지 변수가 있다고 그는 강조했다.

'지역 사람들의 이해와 공감을 얻기 쉬운 건물인가?' '고스게촌의 고민가 호텔에 어울리는 건물인가?'

3개월 정도 지났을 즈음, 그럴듯한 물건 하나가 나타났다. 휴게소에서 얼마 떨어지지 않은 지역에 있는 그 고민가는 지은 지 150년 넘는 저택으로, 마을의 유명인 호소카와細川 집안의 소유였다. 주민들이 보통 '대갓집'이라고 부르며 친근하게 여기던 곳이었다. 본채의 현관을 들어서면 양잠 농가의 흔적이 남아 있는 높은 천장과 숯 색깔의 중후한 들보, 기둥이 눈길을 끈다. 이 멋진 목재는 모두 고스게촌의 산에서 선대에 벌채한 것이라고 했다. 훌륭한 정원에다 창고와 대문, 일꾼들의 주거를 한데 모은 나가야몬長屋門(좌우 양쪽에 행랑이 붙어있는 대문, 과거 일본 저택의 대문 ―편집자) 구조가 특징이었다.

선대의 집주인이 고스게촌 초등학교 교장이고 부인도 교사였기 때문에 과거 마을 아이들이 이 집에서 글씨 쓰기와 유도 등을 배웠다고 한다. 50대 이상 마을 주민 다수가 이 집에 드나들며 가르침을 받은 기억을 공유하고 있었다. 1950년대 중반 마을에 처음 TV가 들어온 것도 이 집이었다. 따라서 마을 주민들은 이 집에 모여 역도산의 프로레슬링이나 미치코美智子 왕세자비의 결혼 퍼레이드 등을 함께 봤다고 말했다. 그렇게 마을 주민들의 추억이 가득한 고민가였다.

집주인이 세상을 떠난 뒤에는 부인 혼자 살았지만, 건강이 나빠져 시설에 들어가면서 벌써 5년 정도 빈집으로 남아 있었다.

마을 주민들은 불빛 사라진 '대갓집'이 상해가는 것을 보며 안

타까워했다. 그러면서 촌사무소에서 나서 어떤 식으로든 이 집을 보존할 수 없겠느냐고 촌장에게 부탁을 넣고 있었다. 마을 사람들의 추억이 가득 담긴 '대갓집'을 호텔로 재생해 지켜갈 수 있다면 더할 나위 없이 좋은 일이 될 것이다. 여기라면 마을 주민의 이해와 협력을 구하기 쉬울 것이다.

우리는 이 호소카와 저택을 첫 번째 고민가 호텔로 정해 프로젝트를 추진하기로 뜻을 모았다.

고스게촌의 얼굴이 되어줄 집은 어디에 있을까?

3개월간 빌품을 팔던 우리 눈앞에 이 집이 나타났다.

지은 지 150년이 넘은 고택, 마을 사람들이 '대갓집'이라 부르며

각별한 애정을 품고 있는 그곳.

모두의 추억을 간직한 이 집을 첫 번째 고민가 호텔로 만들자고 우리는 뜻을 모았다.

벼랑 끝 집을 발견하던 날

'대갓집'은 본채와 별도로, 창고와 일하는 사람의 방이 이어진 나가야몬이 있어 두 채로 개발할 수가 있었다. 따라서 분산형 호텔의 최소 요건을 맞추기 위해 나머지 두 채를 찾아야 했다. 그런데 그게 뜻대로 되지 않았다.

"전국 어디에나 있을 법한 고민가가 아니라 고스게촌에만 있는 건물이 좋지요. 이곳까지 찾아와 준 고객이 절대로 잊지 못할, 고스게촌을 상징하는 고민가 말이에요."

후지와라 사장이 정한 기준은 높았다. 그런데 어느 날 고나가타小永田 지역이라는 급경사면의 마을을 걷던 중 후지와라 사장이 갑자기 큰 목소리로 말했다. "정말 좋네! 시마다 씨 저거 봐요!"

그가 가리킨 방향을 보니 스키 점프대가 될 정도로 급경사인 절벽 끝에 낡아빠진 목조건물 두 채가 나란히 서 있었다. 벽은 완전히 검정으로 그을렸고 빨간 함석지붕도 태풍이 오면 날아가 버릴 듯 위태롭게 덜컹거리고 있었다.

"에? 저거 말입니까? 고민가라기보다는 폐가인데요?" 나도 모르게 이렇게 말했다.

"아니, 시마다 씨. 그건 그렇지만 이 벼랑이야말로 고스게촌의 특징 아닌가요? 나는 고스게촌에 처음 왔을 때 절벽밖에 없네, 절벽 마을이네 하고 생각했어요. 그러니까 저 절벽에 있는 집을 객실로 만들면 고스게촌답지요. 고스게촌만의 호텔이 되는 거예요. 게다가 고스게촌은 인구 감소로 벼랑 끝에 있으니 고스게촌 분산형 호텔의 상징적인 객실 동이 될 거예요."

처음에는 농담인가 싶었지만 후지와라 사장의 눈은 진지함으로 가득 차 있었다. 나는 누군가에게 적극적으로 추천받으면 바로 따르는 경향이 있는데, 그의 말을 듣고 보니 벼랑 끝이라는 입지가 나쁘지 않다는 생각이 들었다.

산과 계곡밖에 보이지 않는 벼랑 끝에 가만히 서서 무엇에도 방해받지 않고 오로지 자연을 만끽하는 호텔. 봄의 신록, 여름의 녹음, 가을의 단풍, 온통 눈 천지인 겨울… 확실히 넘치도록 가득한 자연의 경치야말로 고스게촌 최대의 매력이다.

"재미있을지도 모르겠네요. 이 두 채로 합시다."

이렇게 해서 통칭 '절벽 위 하우스'가 고민가 호텔 구상에 포함되었다.

벼랑 끝에 위태롭게 서 있던 낡아빠진 목조주택 두 채.
소멸 위기에 놓인 고스게촌의 현실을 상징하는
이 두 건물을 또 다른 호텔 후보로 낙점했다.

콘셉트는 '마을 전체가 하나의 호텔'

목표로 삼았던 4채 확보 계획이 달성됐으므로 우리는 호텔 개발의 콘셉트와 수지 계획 등을 다듬기로 했다. 고스게촌은 작은 마을이어서 여관업법 개정으로 허용되는 '10분 이내에 갈 수 있으면 프런트는 하나로 된다'는 규정을 마을 전체에 적용할 수 있다.

그렇다면 콘셉트는 '마을 전체가 하나의 호텔'이 좋다. 실은 그다지 깊게 생각하지 않은 채 "프런트 하나로 운용할 수 있다니 운도 좋아." 정도의 가벼운 기분으로 정한 것이지만 이것이 개업 후 큰 역할을 하게 된다.

한편 사업 모델은 NOTE가 사사야마에서 맡았던 '사사야마 성 아랫마을 호텔 NIPPONIA'를 참고해 객단가를 1박 2식에 3만 엔 정도로 잡고 객실가동률을 35~40퍼센트로 가정해서 수익을 맞추는 모델을 만들었다.

숙박사업 모델은 객단가와 가동률로 성패가 결정된다. 하지만 고스게촌의 경우 마을에 철도역이 없다. 가장 가까운 역에서 자동차로 달려도 40분이고, 버스는 하루 3~4회뿐인 데다 비나 눈이 오면 바로 통행금지가 되어 버려 접근성이 나빴다. 이로 인해 목표가동률을 높게 설정하는 데 위험이 있었다. 그렇다면 방법은 객단가를 높이는 수밖에 없다. 이 같은 현실적인 고려를 토대로 사업계획을 짰다.

그러나 결코 싸지 않은 3만 엔이라는 단가 설정이 결과적으로 호텔을 만들어가는 과정에서 직원들에게 커다란 동기 부여가 되었다. "3만 엔의 가치가 있는 호텔이라면 어떤 곳이어야 할까?" 자세한 내용은 나중에 이야기하겠지만 그 단가 이상의 가치를 부여해 고객이 다시 고스게촌에 오도록 유인하려면 무엇이 필요할까? 생각할 수 있는 건 무엇이든 철저히 따지고 살펴 다른 어디에도 없는 고스게촌만의 질 높은 공간을 만들어내기로 했다. 대상 물건, 콘셉트, 수지 계획 등 확정된 내용을 2017년 3월에 고민가 호텔 기본구상으로 정리해 촌사무소에 보고서로 납품했다.

'장벽' 하나가 무너져내렸다

기본구상이 나왔다면, 누가 이 사업을 맡아서 운영할 것인가? 운영체계를 확정할 필요가 있었다. 여기서 난항을 겪었다.

고민가 호텔 기본구상을 촌장에서 넘겨주며 "마을에서 호텔 개발이나 운영에 관심이 있을 것 같은 사람에게 이 프로젝트의 운영을 맡겨주세요. 우리가 책임지고 개업부터 운영 안정화까지 같이하겠습니다."라고 말했다. 하지만 아무리 기다려도 마을 쪽에서 연락이 없었다. 아무래도 마을에서 후보자 선정에 난항을 겪고 있는 것 같았다. 마을에 갈 때마다 담당자 및 촌장과 전략 회의를 한 후 관심 있을 만한 사람에게 의사를 타진해보아도 좀처럼 좋은 반응이 오지 않았다.

그때까지만 해도 우리는 지역에서 사업을 시작해 운영해가는 어려움을 충분히 이해하지 못하고 있었다. 실은 인구 감소, 고령화가 진행되는 지역에서는 새로운 사업을 시작하더라도 그것을 실제로 운영해 갈 일손이 부족하다. 고스게촌에서도 한창 일할 젊은 마을 주민은 이미 자기 일을 가지고 있었다. 마을 축제나 행사 공동체 활동 등으로 아침부터 밤까지 바쁜 그들로서는 도저히 새로운 사업을 맡을 여유가 없었다.

6개월 이상이 지나도 진전이 없는 교착 상태가 이어졌다. "역시 이런 산속 작은 마을에 호텔 같은 걸 만들겠다는 계획은 무리였어." 주위에서는 체념하는 분위기가 슬슬 감돌기 시작했다. 솔직히 말하면 나도 "이제는 포기할 수밖에 없나?" 하고 마음이 약해졌다. 하지만 그럴 때마다 머릿속에 떠오르는 것은 학생 시절 구모가하타가 변해가는 것을 옆에서 입 다물고 바라보기만 했던, 무기력하고 한심했던 나 자신의 모습이었다.

정 할 사람이 없다면 내가 할까?

단바사사야마를 방문하고 일년 정도 지나 출장으로 규슈의 해변 길을 렌터카로 달리고 있을 때 문득 그런 생각이 내 머리를 스치고 지나갔다. 스트레스가 상당했던 것도 한 가지 이유일 것이다. 너무 엉뚱한 발상이라는 것을 나 스스로 잘 알았다. 호텔 운영 경험도 없고 마을 주민도 아닌 내가 고스게촌에서 호텔을 운영한다는 건 상식적으로 말이 안 되는 일이다. 하지만 그것 말고 달리 방법이 있을까?

그런 생각이 찾아들면서 마음의 갈피를 잡지 못하던 나는 후지와라 사장과 촌장의 의견을 듣고 싶어졌다. 두 사람에게서 "하지 말라."는 말을 듣는다면 깔끔하게 포기하자. 나는 차를 해변에 세운 뒤 하늘의 별을 보고 파도 소리를 들으며 마음을 진정시키고는 두 사람에게 전화를 걸었다.

그래서 어떻게 됐을까? 두 사람은 선선히 내 생각에 찬성해주었을 뿐만 아니라 전폭적으로 돕겠다고까지 말했다. 촌장의 경우 "그거 좋은 생각이네! 마을도 확실하게 돕겠소."라며 오래도록 내 결정을 기다렸다는 듯한 반응을 보였다. 한편으로 놀랍고 한편으로 어이가 없었다.

이상한 기분이었다. 나는 지금까지 NPO나 컨설턴트로서 지역 일을 해왔지만 어디까지나 흑자를 만들어 그 마을을 지탱하도록 돕는 것까지가 나의 역할이라고 생각해왔다. 그러나 이런 역할 설정은 내 마음대로 만들어놓은 '장벽'이었을지도 모른다. 내가 사업 주체가 된다고 해서 나쁠 게 없지 않은가. 그런 사실을 처음으로 깨닫자 굳건하던 마음속 '장벽'이 스르르 무너져내렸다.

호텔 개발 운영회사를 설립하다

직접 사업 주체가 되어 고민가 호텔 구상을 실현하기로 마음먹고 난 후, 나는 우왕좌왕하면서도 부지런히 계획을 진척시켜 나갔다. 두 사람에게 전화로 상담을 한 다음 날에는 이미 '주식회사 사토유메' '주식회사 미나모토' '주식회사 NOTE' 3개 회사 공동출자로 호텔을 개발·운영할 새 회사를 만들기로 하고 출자 비율과 회사 이름까지 정했다.

회사명은 애초 목표로 내걸었던 '벼랑 끝에서 최첨단으로'의 '벼랑 끝=on the edge'와 '최첨단=cutting edge'를 더해 '주식회사 EDGE'로 했다. 벼랑 끝 집이 상징하는 험한 지형과 자연환경 속에서 늠름하게 살아온 마을, 그리고 고령화와 인구 감소로 생사의 기로에 직면해 말 그대로 벼랑 끝으로 떠밀린 마을에서 '분산형 호텔'이라는 최첨단 호텔을 만들어 마을의 미래를 열어가자는 구상을 담은 이름이었다.

출자 비율은 '주식회사 사토유메'가 최대 주주로 52퍼센트, 다른 두 회사가 24퍼센트씩 보유하기로 했다. 내가 최대 주주로서 책임과 위험을 안는 대신 재량권을 발휘하기로 한 것이다. 경영 체제는 내가 대표이사 사장, 후나키 촌장과 후지와라 사장이 이사를 맡아 꾸려가기로 했다.

사실 내가 대표이사로서 촌장과 함께 회사를 경영한다는 것은 얼마 전까지만 해도 상상조차 못한 일이었다. 하지만 내 마음속 장벽을 무너뜨리고 위험을 떠안을 각오를 했으므로 지역이나 관계자들에게 믿음을 줄 수 있었을 것이다. 나는 이 과정에서 "각오가 신용이 된다"는 말과 "신용이야말로 사람을 움직인다"는 사실을 몸소 체험했다.

호텔 매니저를 찾아라

새 회사 설립과 동시에 처음으로 고민가 호텔 개장 시기를 일 년 뒤인 2019년 8월로 정했다. 프로젝트 운영체제는 세웠지만, 이 호텔을 성공시키기 위해 무엇보다도 중요한 것은 현장책임자가 될 매니저의 존재였다.

호텔 콘셉트를 얼마나 잘 이해해 고객에게 마음 편한 공간을 제공할 수 있을까. 분산형 호텔이라는 새로운 형태에 도전하는 것이어서 매니저의 책임은 막중했다. 매니저의 됨됨이와 일솜씨가 호텔의 인상을 좌우할 수밖에 없었다. 게다가 도시에서 멀리 떨어진 고스게촌에 이주해온 인재 중에서 그런 사람을 찾아야 한다는 어려움도 있었다.

호텔을 개장하기 전까지 셔틀 운행, 접객, 청소, 요리, 가이드 등을 담당할 직원을 뽑아야 하고 마을 주민의 도움을 얻어 운영 전반을 구축해야만 했다. 그렇다면 이 같은 모든 일의 중심이 될 매니저는 늦어도 호텔을 개장하기 반년 전에 미리 근무를 시작해야만 한다.

서둘러 사토유메 직원 모집 때 이용하는 '니혼시고토 햣카日本仕事百貨'라는 인터넷 구인사이트를 통해 전국 공모를 했다. '니혼시고토 햣카'는 구인을 하는 회사의 역할, 경영자의 비전, 일자리 현장 르포 등을 제공함으로써 좀 더 현실감 있는 직장 환경을 전달하는 것이 특징이다. 이런 특징을 앞세우는 구인 정보 덕에 일에서 보람을 찾으려는 젊은이들에게 인기였다.

따라서 인재를 구하려는 회사들은 직장 사진과 함께 실제로 현장에서 일하는 직원의 생생한 목소리를 기사 형태로 게재하곤 했다. 하지만 우리에게는 직장이 될 호텔 자체가 아직 만들어지지 않았고 투시도 같은 이미지 자료도 없는 상황이었다. 회사를 설립하고 고작 1개월이 지난 시점이었으니 업무 공간은커녕 실적조차 없는, 그야말로 백지 상태였다.

고민 끝에 단순 명쾌한 콘셉트와 비전만 전면에 내세우기로 했다. 구인 기사의 제목은 '마을 전체가 하나의 호텔로'. 여기에 급경사 계곡 사이를 흐르는 다마가와 주변에 집들이 밀집한 고스게 촌 전경 사진을 곁들였다. 아직 공사 전인 절벽 위 하우스 앞에 서서 내가 "이 마을의 빈집을 객실로 바꿔 마을 전체를 하나의 호텔로 만들겠다"고 비전을 말하는 이색적인 구인이었다.

대갓집을 고민가 호텔로 만들기 위한 공사가 시작되었다.

동시에 호텔을 실질적으로 이끌어 갈 매니저를 구하는 일에 착수했다.

하지만 산으로 둘러싸인 이 작은 마을에 얼마나 많은 젊은이가 관심을 보일까?

담당자가 미리 "이주를 겸한 구인이어서 많은 응모는 기대하지 않는 것이 좋겠습니다."라고 못 박듯 설명했음에도 불구하고 이 것을 재미있어하는 사람들이 많았던 듯 기사가 SNS에서 몇백 회 나 공유되었다. 뚜껑을 열었더니 25명의 응모자가 모였다. 게다 가 놀랍게도 큰 호텔이나 리조트 회사 등에서 일하는 사람들도 적지 않았다.

산속 작은 마을에서 아직 어떻게 굴러갈지도 모르는 호텔 일자 리에 이렇듯 반짝이는 경력의 사람들이 응모해준 것을 보며 많은 생각을 했다. 지역에 대한 젊은이들의 관심이 얼마나 큰지 새삼 확인하는 차원을 넘어 그들의 진짜 이야기를 듣고 싶어졌다.

'이상적인 생활'을 찾아
고스게에 들어온 젊은 인재들

응모자 가운데에서도 내 눈길을 끈 사람은 나중에 매니저로 채용된 다니구치 슌야谷口峻哉라는 청년이었다. 이력서에는 보통 양복 차림의 사진을 첨부하는 응모자가 많은데 그는 아웃도어를 입고 수염 난 얼굴로 이를 드러내며 웃는 사진을 붙였다. 지망 이유를 적는 칸에는 붓펜으로 이렇게 힘있게 썼다. '마을을 만들고 싶다!' 그 사진과 구김살 없는 글을 보면서 우리 회사에 매니저를 채용한다면 이 사람이 적임자구나, 직감했다.

그는 간사이關西에서 대학교를 졸업한 뒤 도심에 있는 고급 호텔에서 호텔 맨으로 경력을 시작했다. 나중에 아내가 되는 히토미 씨도 이 호텔에서 만났다. 그녀는 이 호텔에서 미용관리사로 일하고 있었다.

남들에게는 두 사람 모두 호텔 맨으로 순조롭게 경력을 쌓아온 것처럼 보이지만 일을 해가는 동안 두 사람 모두 이런저런 어려움에 부딪혀야만 했다.

"큰 호텔이었기 때문에 손님이 많을 경우, 하루 700명이 투숙해서 마치 기계처럼 쉴 새 없이 일을 처리해야 하는 상태가 이어졌습니다. 호텔 맨으로서의 자부심이나 숙박업의 본래 역할에 대해 생각할 여유조차 없었죠. 그러다 보니 언제부턴가 손님 한 사람 한 사람을 친구나 가족처럼 맞을 수 있는 곳에서 일해보고 싶다, 그런 작은 숙박시설을 해보고 싶다고 우리 둘 다 생각하게 되었습니다."

게다가 히토미 씨의 건강까지 나빠져 두 사람은 5년간 근무한 호텔을 퇴사하고 호주로 유학을 갔다. 2년 정도 현지에서 어학과 스포츠이론을 배워 귀국한 직후 우연히 SNS에서 니혼시고토 핫카의 구인 기사를 봤다고 한다.

응모해야겠다고 결심한 것은 호주 유학 당시의 체험이 결정적인 계기가 되었다. "호주에서 크리스털워터스라는 작은 마을에 체류하는 동안 '퍼머컬처permaculture'라는 이름으로 지속 가능한 생활을 이어가는 사람들을 만났습니다. 그들이 자급자족, 태양광 발전, 빗물 재이용으로 생활하는 모습을 보고 자극을 받았습니다. '자연과 인간의 따뜻함을 느낄 수 있는 곳에서 생활하고 싶다'는 생각이 그곳 생활을 보며 더욱 커졌습니다. 그런 열망을 품고 귀국했는데 이 호텔의 구인 기사를 만난 겁니다."

그들이 고급 호텔에서 근무한 경험도 있으므로 서비스의 질에는 전혀 문제가 없을 터였다. 게다가 퍼머컬처를 체험하며 자극을 받았다는 자기소개도 무척이나 인상적이었다. 사람과 자연의 지속적인 관계를 중요하게 여기며 함께 풍족해지는 삶을 추구하는 퍼머컬처의 생활 시스템은 고스게촌의 자연을 보존하면서 700명 인구를 유지하려는 우리와 지향점이 유사했다. 매니저로서 더할 나위 없는 인재여서 바로 내정을 했다.

하지만 이번 구인은 이주가 전제되어야 한다. 도시의 삶을 접고 고스게촌에 들어와 생활해야 한다는 의미였다. 실제로 와서 마을을 본다면 너무나 외진 지역이어서 움츠러들지도 모른다. 그래서 결정을 하기 전에 먼저 히토미 씨와 함께 마을을 방문해주도록 했다. 마을을 보고 온 그의 첫 마디는 이랬다.

"보자마자 '여기다!'라고 생각했습니다. 물도 공기도 깨끗하고 상쾌했고 무엇보다 만나는 사람 모두 친절해서 여기서 살면 좋겠다는 마음이 들었습니다."

그 소리를 들은 나는 가슴을 쓸어내리며 안심했다. 더불어 "여기서 살고 싶다"라는 그의 말이 내게는 신선하고 놀랍게 다가왔다. 나처럼 이 일을 오래 하고 있으면 아무래도 "지역을 위해 어디까지 몸 바쳐 일할 수 있을까"라는 직업의식이 강해지게 마련이다. 하지만 그에게는 '일'과 '지역'이라는 목표에 앞서 순수하게

'이상적인 생활'을 추구하려는 태도가 있었다.

 "이상적인 삶이란 어떤 것일까?" 이 질문은 사람들 각자에게 소중한 생존 방식의 문제다. 이 같은 현실적 고민이야말로 앞으로 고스게촌 이주를 생각하는 사람들에게도 열쇠가 되지 않을까. 다니구치 부부라면 전국에 허다하게 있는 지방 재생 관련 숙박시설과는 전혀 다른, 새로운 시대의 호텔을 만들 수 있을 것이라는 생각이 들었다. 그 후 다니구치 부부는 EDGE에 입사했고 이듬해 2월에는 고스게촌으로 이주했다. 부인 히토미 씨가 프런트 직원으로 일하기로 한데다 그들이 일했던 호텔의 후배까지 이주해 와서 프런트에 합류했다.

풍족함의 본질에 다가서는 숙박시설

'마을 전체가 하나의 호텔'이라는 사업 전체 콘셉트는 내가 정했다. 다만 고객에게 어떤 가치를 제공할 것인가(제공 가치), 그 가치를 어떤 방식으로 고객에게 전달할 것인가(타깃) 하는 문제는 실제로 고객과 접하는 매니저나 직원과 함께 고민해갈 생각이었다.

호텔 계획을 구체적인 현실로 옮기는 과정에서 다니구치 부부 이외에 든든한 지원자들이 속속 프로젝트에 참가했다. 덴쓰電通와 사토타쿠佐藤卓디자인 사무소 등을 거쳐 독립한 크리에이티브 디렉터 다쓰미 나오코巽奈緖子 씨, 공간디자인 전문가로 각지의 점포 및 호텔 개발과 감수를 맡아온 세키네 쇼고關根將吾 씨, 시니어 소믈리에 자격을 갖고 50개 이상의 음식점 개업에 관여해온 이나가키 다이스케稲垣大介 씨 등 15명 정도의 프로젝트팀이 중심이 되어 토론을 거듭했다.

호텔 운영에 대해서는 풋내기나 마찬가지였던 내게 그들의 의견은 어느 것이든 신선하고 자극적이었다.

몇 번이고 열띤 토론을 거듭한 결과 마침내 확정된 호텔 서비스의 콘셉트는 '풍족함의 본질에 다가서는 숙박시설', 타깃은 '확립된 스타일이나 신념에 기초한 생활을 실천하면서 몇 년 앞 단계를 살아가는 사람', 연령층은 30~40대였다.

다니구치 부부처럼 "정말 풍족하다는 것은 무엇일까?" "이대로 행복해질 수 있는 걸까?"라고 질문하는 사람, 스스로 가치 있는 삶을 살아가고 있는지 돌아보고 성찰하는 사람, 그리하여 좀 더 나은 미래를 모색하는 젊은층이 핵심 타깃인 셈이었다.

그런 젊은이들이 우리 호텔에서 모처럼 조용히 머무르며 진정한 풍족은 무엇일까를 곰곰이 숙고할 수 있기를 바란 것이다.

이 콘셉트와 타깃을 토대로 우리 호텔에서 제공하는 서비스와 공간 디자인, 식사, 체험 프로그램 같은 세부 내용을 만들어가기로 했다.

1박 3만 엔의 가치가 있는 호텔이란?

호텔 콘셉트가 정해지자 이제부터는 진지하게 "1박 3만 엔의 가치가 있는 호텔은 어떤 호텔인가?"를 고민하기 시작했다. 우리 호텔에 묵으러 오는 손님은 같은 가격대의 다른 호텔에도 묵었을 것이고 당연히 그곳과 비교할 터였다. 사실 나는 지금까지 여행이나 출장 등으로 전국 각지의 호텔을 다녔지만 1박 3만 엔급 호텔에 묵은 적은 거의 없었다.

지피지기면 백전백승이다. 우선 같은 가격대의 호텔에 실제로 숙박해 보고 어떤 느낌인지를 알아야 했다. 그래서 다니구치 매니저 및 직원들과 함께 경쟁이 될 만한 호텔이나 우리가 지향하는 세계관과 유사하게 브랜딩을 하는 분산형 호텔, 고민가 호텔에 묵으며 벤치마킹 조사를 시작했다.

다른 사람이 보기에는 눈을 반짝이는 우리가 이상했을 것이다. 체크인 전부터 로비와 프런트 사진을 찍고 방에 들어서자마자 실내용품의 브랜드를 확인했다. 가구와 침구를 뒤집어 제품 번호를 조사한 것은 물론 식당에서도 메뉴를 꼼꼼히 확인하고 요리사에게 요리법을 물어보곤 했으니 아무래도 괴상한 집단이었다.

1박 3만 엔 이용료를 받으려면 어떤 수준이어야 하는지 알기 위해 우리는 필사적이었다. 사적 공간인 객실 꾸미기에 힘을 쏟는 호텔이 있는가 하면 프런트나 라운지, 식당 등 공용 공간에 무게를 둔 호텔도 있었다.

경쟁 상대를 파악한 뒤에는 객실 인테리어부터 침구, 실내복, 실내용품에 이르기까지 철저하게 우리 호텔만의 서비스를 만들어야 했다. 로비와 객실 인테리어를 맡아준 공간 디자이너 세키네 쇼고 씨가 언젠가 "고스게촌은 잘 피어오른 숯불 같은 마을이네요."라고 말한 적이 있다. 평소에는 조용하다가도 축제나 새로운 사업을 시작하면 마을 주민이 일심동체가 되어 열정적으로 움직이기 때문이다.

그래서 숯 색깔에 잉걸불의 오렌지를 가미해 '고금古今의 사람들이 모이는 잉걸불로 짠 공간'이라는 콘셉트를 내세워 공간 디자인을 했다. 이로써 지은 지 150년 된 고민가의 격조 있는 아름다움을 살리면서 국내외 다양한 신구新舊 인테리어를 융합해 인정이 느껴지는 따스한 공간이 만들어졌다.

3만 엔의 가치를 만들어내기 위한 노력은
치밀하고 집요하게 전개됐다.
그리고 '잉걸불'의 오렌지를 곳곳에 새긴 우리만의 공간을
디자인하는 데 성공했다.

객실 인테리어부터 손님 맞이용 다과 세트, 침구와 실내복, 목욕용품 등에 이르기까지 고민가의 격조 있는 아름다움을 담아내기 위해 세심하게 배려했다.

24절기를 테마로 한 '음식'을 준비하자

호텔로 성공하기 위한 열쇠는 무엇보다도 '음식'이라고 나는 생각했다. 아무리 디자인이 좋고 직원의 접대가 훌륭해도 요리의 질이나 식당 분위기가 좋지 않으면 다시 오고 싶지 않기 때문이다. 게다가 도심에서 오는 예민한 고객을 만족시키려면 승패를 가르는 것은 말할 것도 없이 음식이었다.

고민가 호텔에 정원의 아름다운 풍경을 한눈에 볼 수 있는 20석 정도의 식당을 만들어, 그곳에서 고스게촌만의 식재료를 이용한 로컬 미식의 본격적인 코스 요리를 제공할 생각이었다. 그러므로 매니저와 함께 요리사는 이 프로젝트에서 빠질 수 없는 얼굴 같은 존재였다. 누구를 채용하느냐가 큰 과제였다.

이번에도 먼저 '니혼시고토 햣카'를 통해 공모를 했다. 하지만 도시에서 활약하는 솜씨 좋은 요리사가 교통편 나쁜 고스게촌에서 일하겠다고 나설 가능성은 희박했다. 그래서 언제나 우리를 지원해주었던 음식 코디네이터 다니가키 다이스케 씨에게 도움을 구하자 "히로는 어떨까?"라는 제안을 했다.

히로 곧 스즈키 히로야스鈴木啓泰 씨는 일식 요리사다. '주식회사 미나모토'의 오프닝 파티 출장 요리를 도와준 것이 계기가 되어 고스게촌과 인연을 맺었고 이후 고스게촌으로 이주해 고스게 온천의 식당 메뉴 감수와 운영을 맡고 있었다. 그는 고등학교를 졸업한 뒤 고급 요정과 호텔 식당에서 경력을 쌓았고 전국 고급 료칸 등에 파견된 경험도 풍부했다. 게다가 그는 지역의 제철 재료나 야생 고기 등을 다루는 것이 특기였다. 생각해보니 그만큼 믿을 만한 요리사도 없었다.

이렇게 해서 호텔 개장 3개월 전에 개최한 시식회에서는 고스게촌 제철 재료의 맛을 일본 요리법으로 솜씨 좋게 끄집어낸, 그야말로 최첨단 로컬 미식 코스가 제공되었다. 이것으로 '음식'에서도 승부를 걸 수 있다고 그 당시 나는 확신했다.

그 스즈키 씨와 다니가키 씨가 호텔 개장에 맞춰 내건 콘셉트가 점포 이름24sekki이 된 '24절기'이다. 옛날에 일본인은 계절을 입춘, 경칩, 춘분, 하지, 입추, 대한 등 24절기로 나누어 파악해 절기마다 나는 제철 식재료를 요리에 활용했다. 그들은 계절의 변화와 고스게촌의 '지금'을 오감으로 즐길 수 있도록 24절기에

스즈키 히로야스 씨가 호텔 개장 3개월 전에 로컬 미식 코스를 완성했다.

이곳에서 나는 채소와 민물고기, 야생고기를 재료로 24절기에 맞춰 개발한 코스요리는 오감으로 고스게촌을
즐길 수 있는 또 다른 관광 상품으로 손색이 없었다.

맞춰 일년 중 24종류의 풀코스 요리를 제공하겠다고 했다.

나아가 그들은 고객에게 세 가지 약속을 내걸었다.

1. 그 계절에 나는 '제철'을 그릇에 담을 것.

2. 소규모 생산자의 식재료를 이용할 것.

3. 배부르게 먹도록 할 것.

'24sekki'에서는 고스게촌의 생명력 넘치는 채소와 다마가와 발원지의 계곡물로 재배한 고추냉이와 산천어, 곤들매기는 물론 계절 따라 산채나 버섯, 야생고기 등 산촌의 맛난 재료가 나오고 와인과 토속주, 수제 맥주에 곁들인 안주도 즐길 수 있다.

후일담이지만 호텔을 개장한 뒤 요리를 즐길 목적으로 몇 번이고 재방문하는 손님도 많았다. TV 프로그램에도 여러 번 소개되면서 이제 스즈키 씨는 일본의 로컬 미식을 주도하는 요리사로 활약하고 있다.

살고 싶은 집에 대해
다시 질문해보기

고민가를 재단장할 때 설계와 시공 관리를 맡아준 사람은 고스게촌에서 설계사무소를 운영하는 와다 다카오和田隆男 씨였다. 도쿄의 설계사무소에서 리조트 개발을 해왔던 와다 씨와 고스게촌의 만남은 25년쯤 전으로 거슬러 올라간다. 공공온천시설 '고스게 온천'의 설계 하청을 그가 맡았다. 이후 역대 촌장의 두터운 신뢰를 얻어 노인 복지센터, 물산관, 촌민체육관, 촌사무소 청사, 촌영주택, 고스게 휴게소 등 중요한 공공시설 설계를 도쿄에서 마을로 오가며 맡아왔다. 말하자면 고스게촌의 풍경을 계속 업데이트해온 사람이다.

그는 도쿄의 설계사무소를 정년퇴직하고 지역 부흥 협력대로 고스게촌에 이주해 '주식회사 고스게 조성단'을 설립했다. 그렇게 해서 시작한 것이 '작은 집에서 얼마나 쾌적한 생활이 가능할까?'

를 주제로 한 '고스게촌 작은집 프로젝트'이다.

오랜 세월 설계사로 일해온 와다 씨는 언제나 이런 질문을 품고 있었다. "이상적인 거주란 무엇일까?" 그 답의 하나가 '작은집'이었다. 작은집이란 건평 20~30제곱미터 정도, 건축비 500만 엔 전후의 초소형주택을 말한다. 공사 기간이 짧고 건축 비용도 싼 데다 살면서 좁다고 느끼면 부담 없이 증축할 수 있어서 젊은 이를 중심으로 주목받는 주택의 새로운 트렌드다.

다만 와다 씨는 싸거나 부담 없다는 사실에 그치는 것이 아니라 작은집에 더 큰 의미를 부여했다. "내게 작은집의 의의는 '인생에서 집이 갖는 위치를 다시 생각하게 한다'는 것입니다. 지금까지 나 같은 단카이團塊 세대(1947~1949년 사이에 태어난 일본의 베이붐 세대 — 편집자)나 그 아래 세대는 '마이홈'이라는 꿈을 위해 주택대출금을 끌어다 쓰고, 빚 상환에 허덕이면서 하고 싶은 모든 것을 희생해왔습니다. 집에 재산 가치가 있었기 때문입니다. 지금은 다릅니다. 건축 자재의 질도 낮아지고 집 자체의 재산 가치는 20~30년이면 없어집니다. 토지 가격도 내려가고 있습니다. 집=자산이라는 등식이 허물어진 것입니다. 인구 감소와 빈집 증가 등 주택 사정은 큰 변화에 직면해 있습니다. 이런 점을 고려할 때 집은 클수록 좋다는 가치관 자체를 되돌아볼 필요가 있습니다. 자산으로서가 아니라 내가 살고 싶은 집은 어떤 형태일까? 원점에서 질문하고 해답을 찾기를 바라는 겁니다."

자유로운 발상으로 '이상적인 거주'를 제안하는 '작은집 고스게 디자인 대회'도 개최했다. 이 대회는 상금 말고도 수상작을 실제로 고스게촌에 지을 수 있는 것이 최대의 인센티브다. 첫 회는 100팀 정도 참가했지만 제5회를 맞은 2020년에는 참가자가 780팀을 헤아리는 전국 규모 대회로 성장했다. 건축을 전공하는 학생들뿐만 아니라 건축가가 아닌 고교생, 중학생 응모도 있었다. 말 그대로 새로운 세대가 다가올 시대의 '이상적인 거주'를 제안하는 운동으로 커가고 있는 것이다.

우리 호텔 재단장 과정에서도 와다 씨는 '이상적인 거주'에 대한 자신의 시각을 반영해 쾌적하게 지낼 수 있는 요소들을 여러 곳에 응축해냈다.

넘버원 고민가 호텔을
만들기 위해

호텔 개장이 다가오면서 수리 작업과 인테리어 공사가 끝나고 식당 메뉴도 정해졌다. 직원이나 지원해주는 동료들의 마음도 함께 분주해졌다. 고객에게 이상적인 공간이 될 '유일무이한 호텔'을 만들어보자는 의식이 퍼져 나가면서 이 프로젝트를 반드시 성공시키겠다는 열기도 높아졌다.

사실 나는 이 호텔을 만들면서 어떤 한 분야에서 넘버원이 되겠다는 결심을 했다. 지금까지 컨설턴트로 일해왔지만, 지자체의 공모 입찰처럼 가격 경쟁을 벌이는 경우를 제외하면 고객들은 일을 맡길 때 반드시 이전의 실적을 요구했다. 미숙한 탓에 나도 큰 일감을 몇 번이나 놓친 적이 있었다.

이런 일련의 경험을 통해 그 분야의 일인자가 되지 않으면 일을 맡기 어렵다는 사실을 뼈저리게 느꼈다. 따라서 어떤 분야라도 좋으니 넘버원을 목표로 달려서 그 분야 최고라는 수식어를 갖는 게 필요했다. 남들에게 내세울 만한 장점을 갖지 않으면 생존하기 어렵다는 강박이 늘 나를 지배하고 있었다.

그렇다면 이번 프로젝트는 어디서 승부를 걸 수 있을까? 몇 가지로 나누어 우리 호텔만의 특장점은 무엇인지를 분석해보기로 했다. '고민가 호텔?' '분산형 호텔?' '지역운영형?' '지자체 전체?' '고민가 호텔'은 이미 전국에 셀 수 없을 정도로 들어서 있으니 새로운 시도는 아니었다. '분산형 호텔'은 NOTE가 만든 '사사야마 성아랫마을 호텔 NIPPONIA'가 선구자로 이름을 날리고 있어서 당시에는 도저히 넘어설 수 있을 것 같지 않았다.

반면 '지역운영형' '지자체 전체'라는 두 가지 분야라면 지금까지 고스게촌에서 '동반 달리기'를 해온 경험을 살려 승부를 걸 수 있지 않을까? 특히 '지자체 전체'는 바로 이 프로젝트를 구상했을 때부터 우리가 내세운 콘셉트인 '마을 전체가 하나의 호텔'에 다름 아니다.

마을에 점점이 있는 빈집을 호텔로 만드는 데서 나아가 빈집 이외의 자원을 호텔 기능의 일부로 활용해 인구 700명의 마을 전체가 하나의 호텔로 작동하도록 하는 것이다. 마을 논두렁길이나 도로를 호텔 복도로 기능하게 하고 휴게소를 라운지로, 고스게 온천을 목욕탕으로, 마을 상점을 특산물 판매점으로, 그리고 마을 주민은 지배인으로 하는 시스템을 만들어내는 것이다. 그렇게 차근차근 마을 전체가 호텔로서 존재하는 가치관을 구축하다 보면 마을의 매력을 호텔에 녹여내 지역 전체에 활기를 불어넣을 수 있을 것이다.

'지역운영형 고민가 호텔이라면 고스게촌'이라고 누구든 말하도록 '마을 전체가 하나의 호텔'이라는 브랜드를 확고하게 만들겠다. 이 가치관을 강화하다 보면 이곳이 넘버원 고민가 호텔로 불리는 날이 반드시 올 것이다. 개장이 얼마 남지 않았을 때 나는 이렇게 각오를 다지고 있었다.

마을 사람들의 마음을 얻는 일

그러나 '지역운영형'이나 '지자체 전체'가 함께하는 사업이라는 가치관을 만들어내는 작업이 그리 쉬운 건 아니었다. 이러한 가치를 공유하기 위해서는 무엇보다 마을 사람들과 긍정적인 관계를 만들어내는 게 중요했다. 고스게촌에는 우리 프로젝트에 협조적인 사람이 많았지만, '마을 전체 호텔'이라는 말에서 당혹스러움이나 반감을 느끼는 사람도 있을 게 분명했다.

해결 방법은 하나뿐이었다. 지금까지 고스게촌에서 동반 달리기를 해온 우리가 마을 사람들에게 친절하고 소상하게 사업 취지를 설명하는 수밖에 없었다. 얼마나 좋은 모양새로 주민을 끌어들여 한 마음으로 호텔을 만들어 갈 수 있느냐가 무엇보다 중요하다고 나는 생각했다.

2019년 봄이 되었다. 8월 개장을 위해 눈 속에서도 이어온 고민가 수리가 거의 끝나고 공사용 가림막을 치웠다. 호텔로 탈바

꿈한 호소카와 저택이 처음 모습을 드러낸 것이다. 새로 채용한 직원을 포함해 관계자가 분주하게 드나드는 모습을 본 마을 사람들도 뭔가 색다른 분위기를 느끼며 들뜬 것 같았다.

개장이 가까워지면서 마을에 이런저런 소문이 도는 것은 예상한 일이었다. 하지만 더러 호텔에 부정적인 이야기가 도는 일도 생겼다. 실은 호텔 개장을 지원해주었던 촌사무소 직원의 충고로 지역 주민 말고는 이 사업을 상세히 알지 못하도록 해둔 터였다. 그는 이번 프로젝트의 전체 내용을 가장 좋은 형태로 마을에 알리기 위해서는 다음과 같은 4단계로 나누어 정보를 전달하는 것이 좋겠다고 조언했다.

제1단계 마을 안에 정보의 수신자를 둔다
제2단계 실무자에게 알린다
제3단계 노년층에 알린다
제4단계 마지막으로 마을 전체에 알린다

그래서 우리는 다음과 같은 작전을 실행했다. 다니구치 부부가 마을에 이주하기 전까지 촌사무소 등의 관계자 이외에는 호텔 관련 정보가 절대로 새나가지 않도록 한다(제1단계). 부부가 마을 생활에 적응한 뒤 두 사람이 직접 주민들에게 설명한다(제2단계).

실제로 개장 반년 전에 이주한 그들은 매일같이 주민의 집을 하나 하나 돌면서 호텔의 콘셉트와 세계관을 설명하고 셔틀 운행, 접객, 가이드 등을 도와주지 않겠느냐고 부탁했다.

때로는 "이런 마을에 1박 3만 엔 호텔을 만들어봤자 손님이 올 리 없다." "만약 실패하면 마을이 적자를 보전하는 것 아니냐." 같은 부정적인 반응도 있었다. 지금껏 이어온 생활과 아무 상관도 없던 시설이 갑자기 들어서는 것을 두고 마을 사람들이 불안해하는 건 어쩌면 당연했다. 나도 기회 있을 때마다 호소카와 저택 인근 주민에게 공손하게 설명하며 협조를 구했다.

그렇게 애를 쓰는 동안 처음에는 낯선 시설을 경계했던 마을 사람들도 서서히 호텔 사업에 흥미를 느끼고 이해해주는 방향으로 선회하기 시작했다. "우리는 고스게촌에 살면서 이 마을을 지켜가고 싶다"라는 다니구치 부부의 진심이 통한 것이다. 촌사무소 직원이 말한 대로 두 사람이 이주하기 전에 외부인인 우리가 불쑥 나서서 설명회를 열었더라면 십중팔구 부정적인 소문이 퍼졌을 테고 이를 해소하기도 어려웠을 것이다.

이렇게 제2단계까지는 순조롭게 진행됐다. 그러나 제3단계와 관련해서는 촌사무소 직원의 의도가 무엇인지를 개장 3개월 전까지 알지 못했다.

SNS보다 막강한
노인들의 파워를 실감했다

드디어 개장까지 3개월도 남지 않아 마을 전체 주민을 대상으로 공식 설명회를 열어야 할 단계가 되었다. 그런데 촌사무소 직원이 나에게 연락을 해왔다. "전체 주민 대상 설명회를 하기 일주일 전에 노인 교실에서 시마다 씨가 호텔에 관해 이야기하도록 준비를 해두었다"는 내용이었다. '노인 교실'은 마을의 65세 이상 노년층이 매달 한 번 모여 건강체조를 한다든지 당일치기 여행을 간다든지 하는 친목 모임이다.

그래야 하는 건가? 하지만 무슨 이야기를 어떻게 해야 좋을까. 고스게촌에서 태어나 오랫동안 이곳에서 살았고, 결국 자신의 뼈를 묻게 될 고향을 어떻게든 살렸으면 좋겠다는 마음이 누구보다 간절한 인생 대선배들 앞에서 어떤 이야기를 해야 외지의 젊은 놈 이야기를 받아들여 줄까? 사실을 말하자면, 나는 이런 상황에서 능숙하게 대응하지 못해 사람의 신경을 건드리고 혼이 난 경험을 자주 해왔다. 균형감각이 없어서 예상치 못한 상황을 요령 좋게 받아넘기는 스타일이 아니었다.

발표 전날에는 긴장해서 잠을 이루지 못했지만 이렇게 된 이상 부딪히는 수밖에 없다. 내가 할 수 있는 것은 고스게촌에 대한 내 생각을 가감없이 솔직하게 전하는 일뿐이었다. 당일 다니구치 부부와 함께 모임 장소에 갔더니 이미 50명 정도의 어르신들이 앉아서 기다리고 있었다. 처음으로 하는 공식 설명이어서 모두 진지한 눈빛으로 우리를 바라보았다.

나는 여기서 처음으로 호텔의 콘셉트를 공개하기로 결심했다. '700명 마을이 하나의 호텔로.' 언제나 도와주신 것에 대한 감사 인사를 전하고 호텔의 콘셉트 이외에 서비스 내용, 운영체제, 개장 스케줄 등을 20분 정도에 걸쳐 단숨에 이야기했다.

문제는 그때부터였다. 어렵사리 발표를 마쳤지만 "당신 마음대로 마을 전체를 호텔로 하겠다고?" "누가 이런 호텔을 돕겠어." 처럼 부정적인 반응이 나오면 어떻게 하지? 내 심장이 마구 뛰었다. 조심스레 청중을 바라보는데 걱정과 달리 참석자들의 표정은 온화하게 웃는 얼굴이었다. 분명 다니구치 부부에게서 사전에 이야기를 들은 덕이었을 것이다.

이후 질의응답에서 "이렇게 아무것도 없는 마을에 손님이 와줄까?"라는 질문도 나왔지만 하나하나 상세하게 설명하자 어르신

새로 태어난 대갓집을 본 노인들의 얼굴이 화사하게 피어났다.

어린 시절의 추억이 깃든 공간을 여기저기 둘러보며 눈물 흘리는 어르신들도 있었다.

주름진 얼굴에 떠오르는 그 웃음….

'지방의 꿈을 현실로' 만드는 일의 가치와 보람이 그 웃음에 담겨있었다.

들이 "바깥에서 온 젊은이가 열심히 해주는 것이 기쁘다.""재미있는 호텔이네. 잘 해봐!""내가 도울 일은 없을까?"라며 따뜻하게 호응해주었다. 설명회가 끝나고 재단장을 마친 '대갓집'으로 이동해 내부를 돌아보는 동안 옛날 이 집을 드나들며 공부했거나 이전 주인과 친했던 사람들은 "와, 정말 멋있어졌네!""대갓집이 보존되어서 정말 기쁘군."이라며 저마다 감회에 젖어 한 마디씩 했다. 눈물을 흘리는 사람도 여럿 있었다.

노인 교실 설명회와 현장 방문 직후부터 호텔 정보가 마을에 밀물처럼 퍼졌다. 노인 교실에 참가한 어른신들이 집에서는 물론 마을 여기저기를 돌며 이야기를 했기 때문이다. 촌사무소 직원이 고스게촌 노년층의 정보 확산력은 트위터보다도 빠르다고 했는데, 말 그대로였다. 전체 마을 주민에게 알리기 전에 노년층에 먼저 설명한 효과는 매우 컸다. 태어나고 자란 고향을 어떻게든 좋게 만들어 젊은 세대에게 물려주고 싶은 열정으로 노년층이 이 사업을 주위에 널리 알리면서 마을 전체가 우리 사업을 긍정적으로 받아들이기 시작했다.

그 덕에 다음 주에 열린 전체 주민 대상 설명회, 현장 방문(제4단계)도 수월하게 끝낼 수 있었다. 젊은이가 다수 참가한 설명회에서도 긍정적인 질문이나 따뜻한 격려가 넘쳤다.

혼신의 보도자료 쓰기

개장 1개월을 앞두고 드디어 외부를 향한 정보 확산에 나섰다. 승부는 이제부터다. 최초 1보로 8월 개장에 맞춰 오프닝 리셉션과 언론 대상 현장 방문을 실시하기로 했다. 나는 이 호텔이 사토 유메의 창업 이념을 현실로 보여주는 동시에 앞으로 나아갈 길을 상징하는 랜드마크라고 생각했다. 그래서 이번 보도자료에는 특별히 힘을 쏟아 한 달 전부터 공들여 준비했다.

다마가와 발원지 700명 마을이 하나의 호텔로
지방 재생 비장의 카드, 분산형 고민가 호텔 'NIPPONIA 고스게 발원지 마을'이 야마나시현 고스게촌에서 2019년 8월 17일(토) 그랜드 오픈합니다.
— 오프닝 리셉션&언론 방문 행사도 동일 개최

실은 '700명 마을이 하나의 호텔로'라는 카피를 내부용 콘셉트로만 삼을지 외부로 알릴지를 두고 보도자료를 보내기 직전까지 직원들과 논의했다. 당장은 2개 동밖에 개장하지 않으니 '700명 마을이 하나의 호텔로'라는 콘셉트가 현실로 다가오지 않을 우려가 컸다. 손님에게서 불평이 나올 수 있다는 의견도 적지 않았다.

그러나 나는 실상을 두고 이러쿵저러쿵 말하는 것은 그리 중요하지 않다고 믿었다. 그보다는 인구가 700명까지 줄어든 작은 마을이 생사를 걸고 호텔을 개장한다, 주민 모두가 고객을 맞는다, 등 '마을이 생존하기 위해 애쓰는 모습'이야말로 고객들에게 공감을 불러일으킬 수 있는 가치라고 생각했다. 그리고 이것이야말로 고스게촌에서 '동반 달리기'를 해온 이유였기에 어떻게 하더라도 이 콘셉트를 메시지로 전하고 싶었다. 불안 섞인 반대를 무릅쓰고 나는 최종적으로 이것을 대외용 콘셉트로 정했다.

PR 전문서적을 보면 보도자료는 통상 A4 용지 한 장이나 많아도 두 장 이내 분량으로 항목을 나눠 간결하게 쓰는 것이 원칙이라고 한다. 그러나 그만한 양으로는 고스게촌의 스토리와 우리 생각을 도저히 전달할 수 없었다. 그간의 스토리를 엮어서 썼더니 넉 장 분량이 되어버렸다. 사내에서는 보도자료가 그렇게 길면 기자들이 읽지 않을 가능성이 크다는 지적이 나왔다. 하지만 일생일대의 기회를 적극적으로 활용하고 싶었던 나는 장문의 보도자료를 그대로 내기로 마음먹었다.

잊히지 않는 보도자료를 낸 날은 개장을 2주 정도 앞둔 7월 31일이었다. 'PR타임스'라는 보도자료 전송 서비스를 통해 300개가량 언론 관계자에게 이메일, FAX로 한꺼번에 보냈다. 같은 내용이 PR타임스를 통해 트위터와 페이스북 등 SNS에도 올랐다.

아무 반응도 없으면 어쩌나, 조마조마한 하루를 보냈다. 다음날 SNS를 봤더니 타임라인이 꽉 찰 정도로 리트윗되고, 10개 넘는 인터넷 언론에서 바로 기사화해 그 기사가 다시 리트윗으로 확산되었다. 보도자료에 표시된 '좋아요' 숫자는 8,000개 이상, 공유만도 2,000회였다. 게다가 매달 약 2만 건의 보도자료를 내보내는 PR타임스의 'SNS 화제 순위' 1위에까지 올랐다.

이렇게 SNS에서 불이 붙자 TV, 신문, 잡지 등 언론에서 취재 의뢰가 잇따라 들어왔다. 그중에는 전국 네트워크의 중심인 도쿄 방송사 프로그램도 포함되어 있었다.

이만하면 첫걸음은 잘 뗐다며 가슴을 쓸어내렸다.

'대갓집' 그랜드 오픈

2019년 8월 17일, 드디어 그랜드 오픈일이었다. 'NIPPONIA 고스게 발원지 마을'의 프런트 동인 옛 호소카와 저택 대갓집 정원에는 도쿄에서 온 방송사 카메라와 신문, 잡지 등 언론 관계자들로 가득 찼다.

편의점도 없고 신호등도 하나밖에 없는, 공공교통망도 하루에 서너 번 왕복하는 버스뿐인 작은 마을. 첩첩산중에 자리잡은 시골 동네에 1박 3만 엔짜리 호텔이 등장했다는 의외성, 나아가 '700명 마을이 하나의 호텔로'라는 카피를 앞세워 마을 전체를 하나의 호텔로 한다는 참신한 콘셉트가 주목받았을 것이다.

지은 지 150년 된 양잠 농가의 분위기를 고스란히 간직하면서도 현대적으로 변신한 실내와 지붕 밑 넓은 다락, 흙으로 지은 곳간을 개조한 비밀기지 같은 공간은 기자들로 넘쳤다. 실내에 매달아 놓은 해먹에 누운 채 정원 풍경을 바라보는 기자도 있었다. 고민가 호텔이라는 비일상적인 공간을 즐기는 듯했다.

오프닝 리셉션은 고스게촌 나카구미中組 지역의 유지로 결성된 큰북 연주팀이 보여준 '대보살어광태고大菩薩御光太鼓'의 힘찬 소리로 막을 열었다. 그리고 촌장의 개회 인사를 시작으로 집 주인, 금융기관 등의 축사와 인사가 이어졌다.

오프닝 행사가 무르익자 이 호텔에 다양한 형태로 관여해준 디자이너, 감독, 설계사, 목수, 음식 코디네이터들이 나에게 다가와 축하 인사를 건넸다. 그들 모두 이 프로젝트에 참가할 수 있어서 좋았다며 진심으로 기뻐했다. 그들의 이야기를 듣다 보니 가슴 뜨거워지고 울컥. 하는 감동이 밀려왔다. 수많은 장애물을 넘어 마침내 개장이라는 목표에 도달했다는 안도감도 들었다. 많은 분이 베풀어준 정성을 헛되이 하지 않겠다. 이 프로젝트를 반드시 성공시켜야겠다는 결의가 더욱 단단해졌다.

마을 주민 전체가
지배인이 되는 호텔

그렇다면 호텔이 개장한 뒤 어떤 손님이 묵으러 와주었을까?
우리는 이 호텔의 핵심 타깃을 30~40대로 상정했지만 1박 3만
엔이라는 가격 때문에 실제로는 경제적·시간적으로 여유 있는
노장년층이 많지 않을까 생각했다. 막상 뚜껑을 열고 보니 의외
로 우리가 타깃으로 정했던 30~40대가 50퍼센트를 차지했다. 젊
은 커플, 아르바이트로 돈을 모아서 온 건축 전공 학생 등 20대
도 20퍼센트에 이르렀다.

그들 20~30대 숙박객에게 물어보니 이전에는 고스게촌을 전
혀 몰랐으며, 최근 언론이나 SNS를 통해 처음 소식을 접하고 방
문했다는 사람이 90퍼센트 이상이었다. 이른바 관광으로가 아니
라 "언젠가 자연이 풍족한 곳에서 살고 싶지만 아직은 실천할 수
없으니 체험이라도 해보고 싶었다." "평소 식사는 편의점에서 해
결하지만 유기농 식재료로 정성스럽게 요리한 음식을 먹으며 대

접받는 경험을 하고 싶었다." 등 각자가 그려온 '이상적인 생활'을 우리 호텔에 투영해 유사체험하러 온 듯했다.

더욱 고무적인 것은 고스게촌을 찾아온 젊은이들이 마을 사람들과 교류를 즐기고 지역 생활을 만끽하고 돌아갔다는 사실이다. 그 점이 나는 무엇보다도 기뻤다.

그중에서도 '대갓집' 근처에 사는 사람이 가이드가 되어 마을 산책코스를 안내하는 '고스게 산책'이 특히 젊은이들에게 인기였다. 자연으로 둘러싸인 보물 같은 길을 걸으며 마을의 역사, 문화, 생활을 자신의 추억과 섞어가며 이야기하는 프로그램이었다. 그는 오쓰키 역에서 호텔까지 셔틀 운전도 맡았는데, 그가 차 안에서 쏟아놓는 입담도 고객에게는 특별한 선물이었다.

그 외에도 호텔 인근에 사는 여성이 산야초를 캐와서 프런트와 객실을 장식한다든지, '쟈챵'으로 불리는 할머니와 그의 가족이 팥을 삶아 만든 '쟈챵 단과자'를 체크인한 뒤 내놓는다든지 하는 방식으로 마을의 정을 담아냈다. 호텔은 이처럼 다방면에서 마을 사람들의 따뜻한 도움으로 지탱되고 있다. 고객이 대갓집을 나서서 온천이나 휴게소로 걸어가는 길에서도 마을 사람들이 "저기 예쁜 꽃이 피었어요."라고 말을 걸고, 비가 내리면 우산을 빌려주고, 때로 집에 초대해 차를 대접하는 식으로, 촌민이 지배인이 되어 한껏 환대해주는 것이다.

호텔 식당의 재료를 생산하는
이도, 셔틀버스를 운전하고 산
책코스를 안내하는 이도, 온천
을 운영하는 이도, 물산관의 상
품을 만들고 파는 이도 모두 고
스케 마을 사람들이다. 이렇게
주민 모두가 힘을 합쳐 고민가
호텔 마을을 만들어간다.

코로나 직격탄을 맞은 후에

8월 '대갓집'이 개장하고 4개월이 지나 연말연시가 다가오면서 고객 방문은 호조를 보이고 있었다. 개장 직후 2개월 동안은 운영을 정비하는 기간으로 삼아 예약 고객 수를 줄여 30퍼센트 정도 가동률로 시작했다. 하지만 단풍이 절정인 11월에는 목표였던 40퍼센트를 훨씬 넘어섰고 연말연시는 거의 만실이었다. 언론에서도 계속 고스게촌의 이야기를 다루었다.

하지만 이듬해인 2020년 2월 말부터 예약 취소가 속출했다. 신종 코로나바이러스 감염증의 영향이 고스게촌에도 밀려온 것이다. 감염방지책을 철저히 마련하고 직원의 불안도 배려해가면서 조심조심 영업했지만 4월에 긴급사태선언이 발령되면서 휴업을 할 수밖에 없었다. 달리 손쓸 도리가 없었다. 갑자기 매출 제로가 되어버린 것이다. 경영 면에서 어려움이 있었지만, 그 이상으로 내가 걱정한 것은 매니저와 직원의 열정이 식어버리지 않을까, 그들의 태도가 소극적으로 변하지 않을까 하는 것이었다.

휴업을 알리자 바로 다니구치 매니저가 이런 말을 했다. "대표님, 영업을 할 수 없는 것은 유감이지만 지금까지 바빠서 할 수 없었던 것들의 기초를 다지는 기회라고 생각하면 좋지 않겠습니까. 나는 자체 농원을 만들어 식당에서 내놓을 채소를 직접 키워보려고 합니다. 그동안 만실이 이어지는 바람에 마을 사람을 호텔에서 묵게 한다든지 식사를 제공하는 것도 여의치 않았으니 이번 기회에 주민을 대상으로 호텔을 개방하는 것은 어떨까요."

그렇구나. 코로나 사태로 동요한 건 오히려 내 쪽이었다. 매니저의 말을 들은 나는 구원받은 듯한 기분이었다. 서둘러 인근 밭을 빌려 농원을 만들기로 했다. 전화로 주문을 받아 호텔 식당 메뉴를 마을에 배달하는 '고스게촌판 우버잇츠'도 휴게소 식당, 온천 식당 등과 연계해 시작했다. 스즈키 요리사의 제안으로 호텔 식당을 '대중식당 히로'로 개방해 주민들이 선술집 분위기에서 식사를 즐길 수 있도록 했다. 당장의 매출은 줄었지만 이런 노력을 통해 주민과 함께 운영하는 호텔로서 기초를 튼튼히 하는 바탕이 되었다. 나도 온라인 세미나 등에 열심히 참가해 호텔의 인지도를 높여 나갔다. 이러한 움직임들은 긴급사태선언이 끝난 뒤 영업 호조로 이어졌다.

'절벽의 집'을 새로 개장하다

'대갓집'에 이어 새로운 객실 동으로 개장 준비를 해온 곳이 프로젝트 초기 NOTE의 후지와라 사장과 마을을 둘러보며 발견한 이른바 '절벽 위 하우스'이다. 인구 감소와 고령화로 생사의 갈림길에 선 고스게촌을 상징이라도 하듯 급격한 절벽에 툭 튀어나와 서 있는 100년도 더 된 낡은 작은 집 두 채.

나는 고스게촌에 갈 때마다 그 집 앞에 서서 분발을 다짐했다. 이 낡고 작은 집을 최첨단 분산형 호텔로 소생시킬 수 있다면 고스게촌을 활성화하는 신호탄이 될 것이다. 나아가 전국의 다른 작은 마을들, 이름조차 알려지지 않는 수많은 동네에도 희망을 주게 될 것이다. 다만 지금 와서 생각하면 절벽 위에 세워진 것은 고스게촌이 아니라 오히려 우리였다. 코로나 사태로 인해 이대로 절벽 아래로 떨어질 것인가 버텨서 살아날 것인가, 이 두 채를 어떻게 재생할 수 있는가에 운명이 걸린 듯한 기분이 들었다.

그렇다고 해도 절벽 위 하우스의 개발 방침이나 객실 구조 등은 코로나 사태 이전에 정해졌고 긴급사태선언 발령 전에 공사도 끝났다. 코로나 19에 대응한 최첨단 호텔을 내세우기 위해서는 하드웨어가 아니라 소프트웨어로 승부할 수밖에 없었다. 이를 위한 콘셉트를 짜서 실현 계획을 생각해내는 것이 내가 할 일이었다.

우선 개업 예정일을 8월 초순으로 정했다. 긴급사태선언이 5월에 끝난다고 가정해도 사람의 이동이 이전으로 돌아가는 데 최소 2개월은 걸릴 것이다. 여름휴가 수요도 감안했다. 아무래도 '절벽 위 하우스'는 객실 이름치고는 너무 자극적이기 때문에 '절벽의 집'으로 정했다. 개장을 2주 앞두고 낸 보도자료에는 세태를 반영해 '3밀(밀집, 밀접, 밀폐) 피하기'를 적극적으로 내세웠다.

위드 코로나 시대에 걸맞은 3밀 피하기 마이크로 투어리즘

신종 코로나바이러스 감염 확대로 도시 근교로 떠나는 관광(마이크로 투어리즘) 수요가 점점 늘고 있습니다. 고스게촌은 도쿄 도심에서 차로 약 2시간에 갈 수 있는 말 그대로 최적의 마이크로 투어리즘 지역입니다.

그리고 저희 호텔은 객실이 분산돼 있으므로 밀접 접촉이 어려운 숙박 형태입니다. 새 동에서는 더욱 다른 손님과 만날 일이 없는 '방에서 체크인·체크아웃' '방에서 요리와 식사', 농사 체험 같은 '야외 활동' 등 3밀 피하기 숙박·관광 체험을 제공합니다.

'대갓집'은 연인이나 부부가 느긋하고 조용히 지낼 수 있도록 숙박 가능 연령을 '중학생 이상'으로 정했다. 반면 가족층을 타깃으로 한 동 전체를 제공하는 '절벽의 집'은 처음부터 객실에 부엌을 만들어 요리할 수 있도록 하는 방안을 생각했다. 애초 계획한 것은 아니었지만 '분산형'이라는 호텔의 형태도, '한 동 전체 제공'이라는 스타일도, '부엌 딸림'이라는 구조도 모두 코로나 사태 이후 부르짖기 시작한 '3밀 피하기'와 이어졌다.

게다가 긴급사태선언 중에 자체 농원을 정비했기 때문에 '야외 활동'으로 농사도 가능해졌다. 이런 주변 환경을 '위드 코로나 시대에 걸맞은 3밀 피하기 마이크로 투어리즘'으로 내세운 것이다. 가족이나 친구와 함께 식사하기도 여의치 않은 상황에서 대지와 이어지고 생산자와 이어지고 동료와 이어지는 일명 '이어지는 식탁'이라는 주제로, 로컬 미식을 간판 상품으로 내세운 보도자료를 배포했다.

'이어지는 식탁'을 주제로 한 로컬 미식

마을에서 잡은 물고기, 땅에서 막 캐낸 채소, 수확하자마자 소중한 사람과 손잡고 요리해서 나눈다. '절벽의 집'은 그렇게 직접 요리해서 먹는 스타일의 오두막입니다. 자체 농원 속 수확 체험과 제철 식재료 세트, 잘 갖춰진 주방 설비, 모두 둘러앉기 좋은 아일랜드 키친, 그리고 이 지역의 식재료를 잘 아는 마을 요리사가 제공하는 레시피로, 이

절벽의 집 앞에서 다니구치 숲야 매니저가 손님을 맞이하고 있다. 코로나 시대 이후 유행하기 시작한 '마이크로 투어리즘' 물결과 완벽하게 맞아떨어졌다. 한 동짜리 객실에서 호젓하게 먹고, 쉬고, 창밖으로 펼쳐진 자연을 물리도록 감상하며 지친 심신을 치유하는 시간….

곳에서만 누리는 요리의 기쁨을 나눌 수 있는 공간을 제공합니다. 부담 없이 본격적인 로컬 미식을 즐길 수 있습니다.

집 안에 갇혀 우울한 기분으로 지낸 사람도 많을 거라고 생각한 우리는 절벽이라서 가능한 경치도 강조했다.

히가시야마 가이이東山魁夷를 연상시키는 하나밖에 없는 산 전망

'절벽의 집' 두 동은 고스계촌의 지형 특징인 급격한 절벽에 튀어나온 듯 서 있습니다. 그래서 모든 객실에서 어떤 인공물의 방해도 받지 않는 산 전망을 오롯이 즐길 수 있습니다. 봄의 신록, 여름의 녹음, 가을의 단풍, 그리고 겨울에는 온통 눈 세상이 되는 사계절의 변화, 화가 히가시야마 가이이의 대표작 '초록 울리다'를 연상시킨다는 평도 있는 경치를 마음껏 즐길 수 있습니다.

이렇게 내세운 콘셉트는 예상대로 적중했다. 'NIPPONIA 고스게 발원지 마을' 보도자료만큼은 아니었지만 그래도 '좋아요' 숫자 2,500개 이상, 공유도 500회 이상이었다. 제1탄에 이어 다시 'SNS 화제 순위' 1위도 차지했다.

5월 말에 긴급사태선언이 종료되고 가을쯤부터 코로나 사태를 염두에 둔 글램핑 시설이나 한 동 제공 숙박시설 등이 전국에서 잇따라 개장했다. 하지만 '절벽의 집'은 긴급사태선언 후 거의 처음으로 개장 보도자료를 냈기 때문에 주목도가 높았다. 개장 러시의 불씨를 피운 셈이 된 것이다.

개장일인 8월 7일에 개최한 언론 대상 리셉션도 성황을 이루었다. 코로나 사태임에도 불구하고 대갓집 오픈 때처럼 도쿄 주요 방송사를 포함해 많은 언론 매체가 왔고 TV와 신문에서도 계속 보도가 됐다. 그 덕분에 예약도 순조롭게 들어왔고 더구나 고 투 Go To 여행 캠페인이 시작되면서 연말연시까지 예약이 꽉 차는 만실 상태가 이어지는 등 더할 나위 없는 출발이었다. 이것으로 '절벽 끝에서 최첨단으로'를 향한 큰 산을 어찌어찌 넘었다.

그렇게 우리는 코로나에 굴복하는 대신 크게 한 방 먹이는 성취를 이루어냈다.

5장

절벽 끝에서
최첨단 호텔 마을로

마을 사람들에게 '대갓집'이라는 애칭으로 불리던 150년 역사의 저택이 호텔로 재탄생했다. 과거 양잠을 하던 이 집의 높고 두꺼운 들보가 있는 본체와 육중한 별채 곳곳은 객실로, 일본 전통

나가야몬은 식당으로 새로 태어났다. 역사가 묻어나는 비밀스러운 공간에는 도시에서는 경험할 수 없는 넉넉한 시간과 향기가 흐른다.

일본 전통 분위기만 고수하며 고민가를 되살리겠
다는 생각에 얽매이지 않기로 했다. 대신 일본 고
유의 공간 개념을 중요한 축으로 삼아 오래된 것
과 새로운 것, 장르를 넘나드는 다양한 인테리어를
융합해 멋들어진 조화를 만들어냈다. 객실은 흙벽
과 기둥, 곳간 등 원래의 정취를 살리면서 비밀기
지 같은 다락을 배치하는 등 장난기 넘치는 공간
이 되었다.

나기온을 재생한 식당 '24sekki'에서는 옛적 생활 달력인 '24절기'에서 따와 2주마다 다른 코스 요리를 제공한다. 다마가와 발원지의 맑은 물로 키운 민물고기와 고추냉이, 계절 채소와 야생 고기, 제철 재료, 토속 재료, 마을의 생산자가 만든 식재료를 고집해서 자연의 수확물을 그릇 위에 응축시켰다.

스키 점프대 같은 급경사 절벽 위에 서 있던 100년 넘는 고민가를 두 동의 2층 오두막으로 개조했
다. 방으로 들어서면 오직 여기서만 조망 가능한 산 경치를 바라볼 수 있다. 한 동 전체를 제공하기
때문에 위드 코로나 시대에 가족이나 연인 등 소중한 사람과 오붓하게 휴가를 즐기는 공간으로 인기
가 높다.

'NIPPONIA 고스게 발원지 마을' 절벽의 집

산과 계곡을 향하고 있는 절벽 위의 오두막 객실로 한 발 들어서면 고스계촌의 웅대한 자연이 눈앞에 펼쳐진다. 봄의 신록, 여름의 녹음, 가을의 단풍, 그리고 겨울의 설경 등 계절마다 완연하게 달라지는 자연의 변화를 체감할 수 있다. 도쿄 도심에서 자동차로 약 2시간, 시끌벅적함에서 벗어나 마음을 치유할 수 있는 최적의 마이크로 투어리즘 장소이다.

밥을 직접 지어 먹는 형태로 운영되는 '절벽의 집'에는 제철 식재료 세트가 준비되어 지산지식을 자유롭게 즐길 수 있다. 마을에서 잡은 물고기, 땅에서 막 캐낸 채소, 갓 수확한 재료를 즉석에서 요리해 나누는 풍족한 시간. 식재료 산지 견학이나 수확 체험 등도 준비되어 마을 사람들이 숙박객을 따뜻하게 맞아준다.

6장

'사토유메'라는 플랫폼

'지방 재생' 새 시대 조직의 형태

재능 넘치는 '공간'을
만들어내고 싶다

창업한 직후부터 6년간 '동반 달리기'를 해온 고스게촌에 2019 년 'NIPPONIA 고스게 발원지 마을'을 무사히 개장하는 사이 '사 토유메'도 크게 성장했다. 나 홀로 사무실에서 출발한 '사토유메' 는 현재 직원이 15명으로 늘어 고스게촌 이외에도 전국 40곳 넘 는 지역에서 다양한 제안을 받아 동반 달리기를 하고 있다.

처음부터 나는 IT나 SNS가 발달한 요즘 시대에 하나의 회사에 서 완결할 수 있는 사업은 한정되어 있다고 생각해왔다. 그래서 직원을 채용할 때도 다양한 경력을 가진 개성 풍부한 인재를 두 루 뽑아왔다. 하나의 조직이라기보다 재능이 넘치는 공간을 만들 고 싶었던 것이다.

앞에서 말했듯 직원 채용은 '니혼시고토 핫카'라는 인터넷 구 인 매체를 통해 진행했는데, 모집할 때마다 응모자는 40명, 60명, 80명으로 점점 늘었다. 게다가 이름난 기업에서 엘리트 코스를 걸어왔을 것으로 짐작되는 인재들이 잇따라 문을 두드렸다. 컨설팅 회사, 외무성, 국제협력기관, 브랜딩 회사, 유명 가구 메이커, 리서치 회사, 건축사무소…. 다양한 업계에서 일하던 그들은 사토유메에 들어오자마자 물 만난 고기처럼 활약해주었다.

언젠가 자사의 젊은 직원이 이직하는 것을 납득하지 못하던 대기업 임원이 어떤 회사로 옮기는지는 알고 싶다며 나에게 면담을 요청한 적도 있다. 유능한 젊은이를 빼간 사람이 된 나는 처가에 처음 인사하러 가던 때처럼 긴장했다. 다행히 나와 만나 이야기를 나눈 상대는 헤어질 무렵 "매우 재미있어 보이는 회사네. 그가 왜 사토유메로 가려 하는지 이제야 알겠어."라고 말했다.

지금까지 자신이 쌓아온 경력을 버리고서라도 이직하고 싶을 만큼 중요한 가치를 '사토유메'에서 발견해준 것은 기쁜 일이다. 그들의 이야기를 들어보면, 어느 업계든 달라진 시대 흐름 앞에서 고객의 요구에 제대로 대응하지 못하는 현실이 뚜렷했다.

바로 그런 현실을 바꾸려고 창업했기 때문에 나는 그들의 마음을 잘 알았다. 오래된 기업 논리를 넘어서 고객인 지역의 필요에 다가가는 것이 사토유메의 '동반 달리기'이다. 유능한 젊은이들이 거기에 매력을 느끼고 사토유메의 앞날이 밝다고 믿어주며 우리 회사의 문을 두드린 것이다. 그러한 믿음이야말로 사토유메의 최고 자산이었다.

'동반 달리기'의 단계와 인재 요건

창업 초기 내세웠던 '동반 달리기'라는 목표는 컨설턴트 시절 개인적인 체험에서 나온 콤플렉스와 딜레마의 역작용 같은 것이었다. 말하자면 사업 모델처럼 체계화된 것이 아니었다. 그러나 이처럼 많은 지역이 사토유메에 미래를 맡겨주고 유능한 인재가 직원으로 함께 해주는 상황에서 '동반 달리기'라는 목표를 사업 모델로 체계화할 필요가 있었다. 지속 가능하며 조건만 맞는다면 어디서나 같은 결과를 낼 수 있는 사업으로 구체화하는 게 좋겠다고 생각한 것이다.

먼저 사업 구상부터 프로젝트 설계, 운영까지 '동반 달리기'의 단계를 어떻게 잡고, 거기에는 무엇이 필요한지를 정리해 알기 쉽게 표로 나타내보기로 했다.

표에서 가로축은 최초 구상부터 프로젝트 설계, 운영까지의 시간 흐름이다. 통상 점포나 호텔을 실제로 개장한다든지 새로운

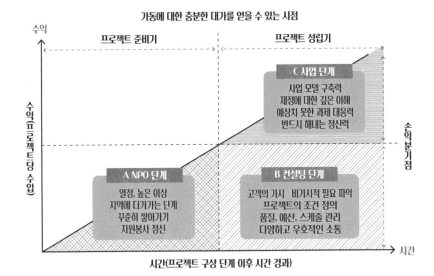

관광 사업을 위해서는 구상부터 사업 개시까지 적어도 3~5년은 걸린다. 세로축은 돈의 흐름으로 프로젝트를 시작하는 데 필요한 활동비와 경비를 포함해 컨설팅 수입, 사업 수입, 기부금, 협찬금, 크라우드 펀딩 등의 수입을 나타낸다. 구상단계부터 충분한 수입을 얻기는 어렵고 구상을 계획에 적용해 그 계획에 공감을 얻은 뒤 서서히 지원이 들어온다. 흑자가 되기까지 시간이 걸리는 것이 일반적이고 그때까지는 자기 돈으로 비용 부담을 하는 경우가 많다.

이 표를 이용해 프로젝트를 ABC의 세 단계로 나누어 각각의 단계에 필요한 인재 조건을 규정했다.

A NPO 단계

프로젝트 준비기인 A 단계는 지역 주민들로부터 해당 마을의 과제나 고민에 대해 이야기를 듣고 목표로 삼을 희망사항을 논의하는 단계이다. 기본적으로 이 때는 활동을 위한 충분한 수입을 얻을 수 없다. 그러나 지역 프로젝트를 성공으로 이끌어내기 위해서는 이 단계에서 주민들의 목소리를 제대로 듣고 그것을 구상 메모나 기획서 등에 담아낼 필요가 있다. 이 단계에서는 열정, 꾸준히 쌓아가는 자세, 자원봉사 정신 등 어떻게 하면 지역에 다가갈 수 있는지를 모색하는 자세가 중요하다(NPO적 소양).

B 컨설팅 단계

지역의 과제나 지역민의 생각을 구체적인 계획서에 담아내 그 구상을 지원해주는 기관이나 사람들을 끌어들이는 단계이다. 프로젝트에 필요한 자금은 행정기관의 보조금이나 지원금, 또는 지원제도 등에 응모해 얻는 경우가 많다. 지역 단위 프로젝트라면 지자체 등과 절충해 그 구상을 실현하는 데 필요한 조사나 합의를 끌어내기 위한 경비를 위탁비 형태로 받기도 한다. 그리고 기업 협찬을 얻는다든지 크라우드 펀딩으로 기부금을 모으는 경우도 있다. 여기서 주의해야 할 것이 있다. 보조금, 지원금, 기부금, 협찬금, 크라우드 펀딩 등으로 자금을 얻었을 때는 어느 경우든 출자자와 맺은 계약을 이행할 책임이 따른다는 점이다. 그리고 출자자의 기대에 부응한다면 추가로 자금을 얻을 수도 있다. 이 단계에서는 다양한 이해관계 조정이 필요하다. 고객의 가시 · 비가시적인 수요 파악, 프로젝트의 조건 정의, 높은 품질의 업무 수행, 예산 · 스케줄 관리, 다양하고 우호적으로 소통하는 마음가짐, 기술 등이 중요하다(컨설팅적 소양).

C 사업 단계

사업 자금이 모이고 프로젝트가 궤도에 오르기 시작하는 단계. 하지만 거기서 만족해 출자자의 기분이나 살피는 식이어서는 안 된다. 보조금, 지원금, 기부금, 협찬금, 크라우드 펀딩 등의 자금은 어디까지나 초기의 일회성 수입으로 생각해야 한다. 지속적으로 지역 경제가 돌아가도록 하려면 외부 자금에 의존하지 않고 그 지역에서 사업 수익을 만들어낼 필요가 있다. 우리의 최종 목표지점은 지역이 장기적으로 혼자 달릴 수 있는 환경을 조성하는 것이다. 이 단계에서는 사업 모델 구축력, 재정에 대한 깊은 이해, 예측 못한 과제 대응력, 위기를 돌파해내는 정신력처럼 더 높은 수준의 마음가짐과 기술이 중요하다(사업가적 소양).

이상과 같이 지역에서 사업을 시작해 환경 · 사회 · 경제의 선순환을 만들어내기 위해서는 프로젝트 단계에 따라 'NPO적 소양' →'컨설팅적 소양'→'사업가적 소양'이라는 폭넓은 마음가짐과 기술이 필요하다. 하지만 이들 소양을 처음부터 다 갖춘 사람은 없다. 이 일을 20년 해온 나조차 여전히 실패와 후회를 거듭하고, 스스로 미숙함을 인정하면서 매일 배워간다.

그래도 한 가지 분명히 말할 수 있는 것은 세 가지 소양 중에서 'NPO적 소양'이 가장 중요하다는 사실이다. 지역에 대한 열정, 지역에 다가가는 자세, 꾸준히 쌓아가는 것을 피하지 않는 태도, 자원봉사 정신…. 이런 덕목을 골고루 가지고 있다면 B 단계, C 단계에서 여러 장벽에 부딪혀도 반드시 넘어설 수 있다. 그 과정에서 컨설팅적 소양, 사업가적 소양은 저절로 생겨난다.

가령 우리가 이 'NPO 단계'에서 항상 의식한 것은 지역 사람들의 동기를 얼마나 끌어올릴 수 있을까 하는 것이다. 일반 컨설팅 업계에서는 주민들을 만나 이야기를 들을 때 "이 지역이 안고 있는 문제는 무엇입니까?"라고 제일 먼저 질문한다. 지역의 문제점을 체계화해 정책을 만들어내야 하므로 문제부터 파악하려 드는 것이다. 하지만 우리는 "지역이 어떻게 되면 좋겠습니까? 여러분의 꿈은 무엇입니까?"를 먼저 묻는다. 주민들의 꿈과 소망을 먼저 찾아내고 싶어서다. 그 꿈을 공유하고 목표지점을 함께 설정할 때 서로 동기가 유발된다. 어쨌든 이 표를 만들고 나서는 직원 간 프로젝트에 대한 합의 형성이 더 원활해졌다.

사토유메답다는 것

　창업 동료 네 명으로 시작한 회사에 잇따라 새로운 사원이 들어오면서 마케팅, 프로모션, 브랜딩, 호텔, 음식, 인재육성 등 다양한 커리어와 능력을 살린 든든한 팀이 꾸려졌다. 그러나 어떤 고객이든 3년 이상 긴 호흡으로 동반 달리기를 하는 업무의 특성상 일년이 지나고 2년이 지나 계획이 사업화 단계에 들어서면 업무의 난이도나 위험도가 더 높아진다.

　단계 A→B→C라는 진행 모델은 이상적이지만 반드시 모든 것이 잘 된다고 보장할 수 없다. 다양한 업계에서 모인 사원이다 보니 이때쯤 '동반 달리기'의 내용을 눈에 보이는 구체적인 형태로 만들어주면 좋겠다는 말이 나온다. "동반 달리기란 무엇인가?" "어디까지 함께 달리는가?" "무엇을 기준으로 '꿈을 현실로' 만들었다고 말할 수 있나?" 등 맡은 일과 비전을 둘러싸고 직원들 사이에서 동요가 일어난다.

나는 어떤 어려운 단계에 있더라도 '사토유메'라는 회사가 목표로 삼아야 할 방향성이 흔들리는 것만은 피하고 싶었다. 우리가 지향하는 방향을 말이 아닌 문서로 정리할 필요가 있었다. 그래서 2019년 여름 전 사원 합숙 행사를 열어 '사토유메'의 사명을 더 구체적인 목표로 만들어내기 위한 직원의 행동규범 정리 작업에 착수했다.

[사토유메답다는 것(사토유메가 사토유메로 지속해가기 위해)]

• 사명Mission

고향의 꿈을 현실로

• 목표Vision

모든 사람이 고향에 자긍심을 갖고 고향에 힘이 되어줄 수 있는 사회를 만든다.

• 가치Value

〈핵심 가치〉

동반 달리기

〈지역에 대한 가치〉

현장에 있을 것

당사자일 것

일대일로 대응할 것

〈사원에 대한 가치〉

　의미 있는 일을 할 수 있다

　자유롭게 일할 수 있다

　정당한 대가를 얻을 수 있다

• 행동규범Principle

① 거기에 꿈과 열정을 가진 사람이 있기 때문에Passion

② 우선 준다Give

③ 부딪히는 게 중요Bold

④ 고객도 외주 업체도 모두 한 팀Team

⑤ 진흙투성이의 실적을 쌓아 올리자Proud

⑥ 리더를 떠받치는 리더가 되자Leader

⑦ 그 각오가 신용을 얻는다Credit

⑧ 포기하지 않으면 그것은 실패가 아니다Never Give up

⑨ 성공을 스스로 정의하라Success

⑩ 변경의 땅에서 혁명을 일으키자Edge

이렇게 정리한 표가 당시 정한 사토유메의 Mission(사명) · Vision(목표) · Value(가치) · Principle(행동규범)이다. 그리고 이 내용을 종합해 '사토유메답다는 것'이라고 이름 붙였다.

사토유메의 직원들은 매일 전국 각지에 출장 가서 좀처럼 서로 얼굴을 마주할 수 없다. 하지만 이 '사토유메답다는 것'을 가슴

속에 품고 활동한다면 목표에 대한 방향성이 흔들리는 일은 없을 것이다. 그렇게 사토유메는 더욱 사토유메답게 지역과 일을 해나 갈 것이라고 나는 생각했다.

사토유메 행동규범 10개 조

'사토유메답다는 것' 가운데서도 특히 행동규범Principle 10개 조는 내가 지금까지 해온 지역 만들기의 경험을 함축한 것이다. 이제 그 10개 조를 조금 더 상세하게 설명하겠다.

① 거기에 꿈과 열정을 가진 사람이 있기 때문에Paasion

이런저런 계기로 인연이 생긴 지역(사람, 회사, 지자체 등)과 동반 달리기해야 할지 말아야 할지 판단할 때 잣대가 되는 지침이다. 사토유메는 계획 단계부터 사업화 단계, 나아가 사업을 안정시켜 궤도에 올리는 단계까지 함께 가는 것을 목표로 하지만 그러기까지 적어도 3년 이상 걸린다. 그 과정에는 지역에서 우리와 함께 계속 달려줄 '주자'가 필요하다. 내 경험상 '꿈과 열정'을 가진 사람에게는 오래 계속 달릴 수 있는 인내심, 그리고 어떤 장애를 만나도 뛰어넘을 돌파력이 있다. 그 사람의 '직함' 등에 얽매이지 않고 '꿈과 열정을 가진 사람'이 있다면 나는 그 지역과 동반 달리기를 시작한다.

② 우선 준다 Give

우리가 지역 사업에 나설 때 늘 미리 예산이 확보되는 것은 아니다. "인구 감소로 지역 기업의 경영 상태가 악화하고 있습니다. 기사회생을 위해 도쿄에 안테나숍을 내려고 합니다만 도와주시지 않겠습니까?" "예산은?" "없습니다."라는 상담이 들어오는 경우도 적잖다. 그럴 때 상담자에게서 열정과 각오가 느껴진다면 우선 이야기를 듣는다. 이후 승산이 있다고 판단하면 사업계획서를 만들고 보조금이나 크라우드 펀딩, 지역기업 기부금 등을 모아 개장에 이를 수 있도록 노력한다. 지금 당장 고객에게 예산이 없어도 사업이 될 수 있다. 지역에 공헌하는 사업으로 키울 수 있다고 판단하면 우선 Give의 정신으로 움직이는 것이다.

③ 부딪히는 게 중요 Bold

전직이던 컨설턴트 시절, 그 업계 전체에 고객과 부딪히는 것을 피하는 풍조가 있었다. 고객과 의견이 다르다는 이유로 상사가 사과하러 가는 경우를 자주 봤다. 업무상 과실이 있었다면 당연한 대처이지만 서로 생각이 달라서 뜨거운 토론을 벌였다면 그것은 서로 이해가 더 깊어지는 좋은 계기로, 오히려 환영해야 할

일이다. 뜨거워지는 것은 남다른 생각이 있기 때문이고 사토유메
는 '부딪히는' 것을 두려워하지 않는다.

④ 고객도 외주 업체도 모두 한 팀 Team

고객이나 외주 업체는 수주와 발주의 관계를 넘어서는 관계다.
서로 마음을 터놓고 이야기함으로써 이해가 깊어지고 그 과정에
서 강력한 팀으로 만들어진다. 사토유메에서는 '하나의 마을 단
위 안테나숍' '마을 전체가 하나의 호텔' 등 노하우가 축적되지 않
은 참신한 콘셉트로 사업에 도전하는 경우가 많았다. 따라서 직
함이나 직책 등에 구애받지 않고 모든 사람의 의견을 경청하며
일을 진행하는 형태를 만들어가고 있다. 하나의 프로젝트를 무사
히 끝낸 뒤 그 팀으로 다시 새로운 프로젝트에 도전하는 일도 적
지 않다. 그렇게 해서 팀의 경험치를 높여가는 것이다.

⑤ 진흙투성이의 실적을 쌓아올리자 Proud

컨설팅 업계에서는 많은 컨설턴트가 자신의 경력을 쌓기 위해
'빛나는 실적' 내기를 원한다. 중앙 부처의 일이나 주요 지자체의
일 등 지명도 있고 벌이가 되며 실패하지 않을 일 이외는 손을 대
려고 하지 않는다. 그러나 인구 감소가 이어지는 이름도 없는 마
을에서 원하는 노하우는 그것들과 전혀 다르다. 모든 것이 제로
인 현장에서 사업을 시작해 다양한 장벽을 뛰어넘고 진흙투성이,

땀범벅이 된 후에야 진정한 노하우가 축적된다. 우리는 그런 실적이 늘어나는 것을 자랑으로 삼는다.

⑥ 리더를 떠받치는 리더가 되자 Leader

①에서 '꿈과 열정을 가진 사람'과 동반 달리기를 한다고 했지만 그런 사람은 지자체의 수장이나 회사 사장, NPO 대표 등 리더일 경우가 적지 않다. 안타깝게도 조직의 리더들은 지위의 속성상 누구에게도 상담할 수 없는 고민이나 압력을 떠안는 일이 잦다. 개중에는 큰 문제가 생겼을 때 모든 책임을 짊어지고 자책하는 사람도 있다. 우리의 '동반 달리기 주자'는 리더의 이 같은 처지를 이해하고, 문제를 함께 해결해 어려움을 헤쳐나갈 방법을 제공해야 한다. 스스로 리더의 소양을 키워나갈 필요가 있다.

⑦ 그 각오가 신용을 얻는다 Credit

'동반 달리기' 과정에서는 지역이나 프로젝트와 관계를 맺는 방식에 대해 결단이 필요한 경우가 적지 않다. 때로 출자를 요구받거나 큰 책임을 지는 자리로 취임을 타진받기도 한다. 위험이나 스트레스를 동반하는 제안에 어떻게 대처할 것인가? 모든 것에 '예스'라고 말할 필요는 없지만, 각오를 하고 받아들여 상대방의 신뢰를 얻을 수도 있다. 그런 신뢰 관계가 나중에 더 큰 규모의 일을 불러오고 사업가로 도약하는 것으로 이어진다.

⑧ 포기하지 않으면 그것은 실패가 아니다 Never Give up

사토유메에서는 지금까지 다양한 프로젝트를 맡아왔지만 어떤 프로젝트도 결코 순탄하기만 했던 것은 아니다. 무수한 '실패'도 했다. 하지만 '실패'을 단지 '실패'인 채로 끝내는 경우는 없었다. 갈등이나 실수는 늘 발생하기 마련이지만, 중요한 것은 그 후에 어떻게 대처하는가이다. 우선 냉정한 마음으로 무엇을 할 수 있는지 생각해본다. 그러다 보면 현 상황을 개선할 실마리가 보이기 시작한다. 혼자 힘으로 감당하기 어렵다면 팀으로 대처하면 된다. 실패라고 단정하지 말고 거기서부터 어떻게 움직일 수 있을까를 생각하라. 포기하지 않으면, 사후의 행동에 따라 실패를 성공으로 바꿀 가능성도 있다.

⑨ 성공을 스스로 정의하라 Success

세상에는 이른바 '성공담'이 넘치지만 어떤 기준으로 성공이라고 말하는 걸까? 지방 재생, 지역 활성화와 관련해서도 국가가 '지방 재생의 성공'을 정의하고 있는 것은 아니다. 반대로 생각하면 한 사람 한 사람이 성공을 정의하면 되는 거다. 나는 지방 재생·지역 활성화의 목표 중 하나는 그 지역이 경제적으로 자립해 인구가 안정되는 것(늘어나는 것도 포함)이라고 생각한다. 그렇다고 해도 인구가 희소한 이름도 알려지지 않은 지역에서 그 목표에 이르기까지는 오랜 시간이 필요하다. 그것이 5년일까, 10년일까, 아니면 더 걸릴까. 그래서 1~3년 정도의 짧은 기간마다 목표를 설정해 거기에 도달할 수 있다면 합격이라고 생각하게 되었다. 합격의 기준을 자신이 확실히 정의하면 '작은 성공'을 쌓아가면서 착실하게 '큰 성공'에 다가갈 수 있다.

⑩ 변경의 땅에서 혁명을 일으키자 Edge

나는 학생 시절부터 민속학자 미야모토 쓰네이치宮本常一를 존경해《잊힌 일본인》《민속학 여행》《소금의 길》등 그의 저서를 즐겨 읽었다. 그는 자신이 걸었던 장소를 지도에 빨갛게 표시하면 일본 지도가 완전히 빨개진다고 말할 정도로 일본의 구석구석을 누비면서 존재감이 미약한 마을의, 이름도 알려지지 않은 평범한 사람들의 생활을 담담히 기록한 민속학의 거인이다.

그는 고향 마을인 야마구치현山口縣 스오우오시마周防大島를 떠날 때 아버지께서 하신 말씀을 10개 항목으로 나누어 적어두었다. 그 한 구절에 이런 문장이 있다.

(8) 앞으로는 자식이 부모에 효도하는 시대가 아니다. 부모가 자식에게 효도하는 시대다. 그렇게 하지 않으면 세상이 좋아지지 않는다.

(9) 스스로 좋다고 생각한 것은 하라. 그래서 실패했다 해도 부모는 나무라지 않는다.

(10) 다른 사람이 미처 보지 못한 것을 보도록 하라. 소중한 것은 언제나 그 안에 있는 법이다. 조바심내지 말아라. 자신이 선택한 길을 열심히 걸어가는 것이다.

(미야모토 쓰네이치《민속학 여행》고단샤講談社 학술문고)

미야모토 쓰네이치는 아버지의 말에 따라 일본의 농산어촌을 누비며 보통 사람들이 사는 방식을 기록해 나갔다고 한다.

"다른 사람이 미처 보지 못한 것을 보도록 하라." 특히 (10)은 컨설팅 일을 시작하고 나서 내가 늘 의지해온 말이다. 사토유메가 현장으로 삼는 지역도 바로 '다른 사람이 미처 보지 못한' 낙도, 강 상류, 반도 등으로 거기에는 아직 옛날식 농법, 어업, 전통문화, 삶이 남아 있다. 지속가능한 개발 목표SDGs가 국제사회의 약속이 되고 코로나 사태로 사람들이 살아가는 방식을 고쳐 생각하는 지금, 그것들은 더욱 '소중한 자원'으로 재발견될 것이 틀림없다.

우리는 그런 변경의 땅에서 '다른 사람이 미처 보지 못한' '소중한 것'을 발굴해 산업화해 가는 것으로 이른바 '지방 재생' 개념에 혁명을 일으키려 한다. 바로 그것이야말로 사토유메의 존재 의미라고 여기고 있다.

브랜딩의 사다리를 오르다

또 하나 내가 창업했을 때부터 의식한 것이 회사 밖과의 관계 구축 및 소통, 이른바 브랜딩이다. 가르침을 얻기 위해 호세이法政 대학교에서 브랜딩을 가르치던 나카지마中嶋 선생의 연구실에 창업 동료 중 한 명인 아사와라 씨와 거의 매주 다녔다. 거기서 배운 다양한 브랜딩 이론 중 우리가 참고로 한 것은 브랜드 이론의 최고 전문가인 케빈 레인 켈러의 '브랜드 자산 모델'이다.

'브랜드 자산'이란 간단히 말하면 눈으로 보이지 않는 가치를 기업의 자산으로 가시화하는 개념이다. 브랜드를 맥락 없이 임시방편으로 내세우는 것이 아니라 장기적인 전략으로 삼는 대표적인 사고방식이다.

켈러는 새로운 상품이나 서비스, 조직이 고객을 확보해 브랜드 가치를 얻기 위해서는 '인지' → '연상' → '반응' → '관계'라는 '브랜딩의 사다리'를 올라갈 필요가 있다고 주장하면서 그 사다

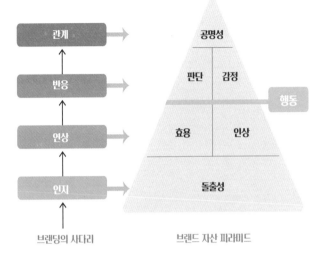

브랜딩의 사다리   브랜드 자산 피라미드

사다리		
관계	공명성	추천 의향, 충성도, 생산자와 대화할 의향, 공동체 의식
반응	판단	효용 인식 + (신뢰성, 우위성, 비용대비 효과 등)
	감정	애착, 어울림, 만족감, 안심감, 사회적 승인
연상	효용	②가 만들어내는 강점(품질, 카탈로그 성능, 가격 우위 등)
	인상	②가 가져오는 이미지(확실성, 선진성, 세련성, 독자성 등)
인지	돌출성	① 카테고리(독점적인 영역) ② 남과 차별화의 원천이 되는 사실

리를 오르기 위한 요소로 '브랜드 자산 피라미드'를 제창했다. 그의 이론에 따르면 '인지'를 얻기 위해서는 '돌출성'이 있어야 하고 '연상'을 불러오기 위해서는 '효용'과 '인상'을 내세워야 한다. 한편 '반응'을 얻기 위해서는 '감정'과 '판단'에 호소하며, '관계'를 깊게 맺기 위해서는 '공명성'이 필요하다. 이렇게 각각의 단계를 피라미드처럼 쌓아올리다 보면 그 브랜드의 가치가 높아진다는 논리다.

사토유메는 바로 이 '사다리'를 올라 '피라미드'를 쌓아왔다. 구체적으로는 이렇다. 브랜딩의 사다리를 오르기 위해서는 우선 피라미드의 기초가 되는 '돌출성'을 인식시킬 필요가 있다. 그러기 위해서는 '① 카테고리(독점적 영역)'나 '② 남과 차별화의 원천이 되는 사실'이 필요하다. 창업 당시 나는 상품 개발, 점포 개발, 사업 시작 등의 경험이 전혀 없었다. 차별화의 원천이 되는 사실이 전무한 셈이었다.

따라서 최소한 '① 카테고리(독점적 영역)'를 내세울 수 있는 방법을 고민하던 끝에 '동반 달리기형 컨설팅 회사'라고 부르기로 했다. 아직 실적이랄 게 없었지만, 스스로 목표로 정한 '동반 달리기'라는 말을 앞에 붙여 지금까지 없었던 새로운 장르의 컨설팅을 독점적 영역으로 내세워 인식시키려 노력했다.

회의 등에서 사람을 만나면 항상 이 '동반 달리기'의 특징을 수백, 수천 번 설명했다. 반복 설명을 통해 '동반 달리기형 컨설팅 회사'라는 장르가 있다고 기정사실화한 것이다. 그렇게 하다 보니 어느새 "동반 달리기형 컨설팅 회사라면 '사토유메' 아닌가요?"라는 이야기가 돌기 시작했다. 그 지점에 가기까지 3년 정도 걸렸지만 이것으로 드디어 '인지'의 단계에 도달했다고 느꼈다.

다음 단계인 '연상'에서는 '인상(확실성, 선진성, 세련성, 독자성 등)'과 '효용(품질, 카탈로그 성능, 가격 우위성 등)'을 내세울 필요가 있었다. '인상'을 보여주기 위해 나는 일반적인 컨설팅 회사라면 사용하지 않을 듯한 '고향의 꿈을 현실로'라는 딱딱하지 않은 카피와 그것을 떠올릴 수 있도록 함께 걸어가는 지역 사람들의 웃는 얼굴 사진 등을 사용해 적극적으로 알렸다.

한편 '효용'을 보여주기 위해서는 창업 전부터 동반 달리기를 해온 나가노현 시나노정의 '치유의 숲'이나 고스게촌과 동반 달리기를 통해 이뤄낸 다양한 효과를 구체적인 숫자와 함께 제시했다. '치유의 숲'에서는 제휴기업 숫자, 기업 직원 방문자 숫자, 가이드 숫자 등을, 고스게촌에서는 관광객 증가율, 인구 추이, 빈집 재생 숫자, 미디어의 페이지뷰 숫자 등을 내세웠다. 다른 컨설팅 회사는 계획·전략을 만드는 데서 작업이 끝나기 때문에 우리처럼 구체적인 숫자를 내놓을 수가 없다. 우리가 눈에 보이는 숫자로 효과를 알려나간 것은 차별화의 포인트가 되었다.

이렇듯 꾸준한 정보 제공이 효과를 봐서 나가노현 고우미정

海町, 야마가타현 가호쿠정河北町, 미야자키현高崎縣 시이바촌椎葉村, 효고현 시소우시宍粟市 등 지속 가능한 지역 만들기에 의욕적인 마을들이 차례차례 우리에게 협업을 의뢰해왔고, 전국 40개 이상 지자체와 동반 달리기를 하기에 이르렀다. 이것이 바로 제3단계의 '반응'이다.

그리고 이 '반응'을 착실하게 쌓아 올리며 관계 맺기를 중시한 결과 거의 대다수 지역에서 3년 이상 장기간에 걸쳐 동반 달리기를 실현하고 있다. 보도자료 등을 활용해 우리가 추진하는 프로젝트를 적극적으로 홍보하고 영향력이 큰 언론에 우리의 작업 성과가 여러 건 노출되자 직원 채용에도 훈풍이 불었다. 대기업에 근무하던 인재들을 포함해 다수의 능력 있는 젊은이들이 사토유메에서 일하고 싶다며 지원을 한 것이다.

브랜딩의 사다리 마지막 단계인 '관계'도 점점 더 깊어지고 있다. 이처럼 우리는 10년이라는 시간을 투자해 '동반 달리기형 컨설팅 회사'라는 브랜딩의 사다리를 올라 브랜드 자산 피라미드를 구축해왔다.

'사람이 출발점이다'

지금까지 전국 40개 넘는 지자체에서 다양한 프로젝트를 진행하는 동안 어느 지역에서든 맞닥뜨린 가장 절실한 난제가 인재 부족, 곧 '사람' 문제였다. 앞서 이야기한 고스게촌 휴게소나 'NIPPONIA 고스게 발원지 마을' 개장 때처럼 새로운 사업을 시작할 때 언제나 부딪히는 장벽이 사업의 중심이 되어야 할 인재 확보의 어려움이었다. 말 그대로 '사람' 병목이었다.

10년 전에는 "시골에는 일이 없다."라는 말을 곧잘 들었다. 그후 일본 전국에서 인구 감소가 진행되었다. 그러면서 특히 인구 희소 지역에서는 '일이 있어도 사람이 없는' 상황이 일상적으로 펼쳐져서 우리가 새로운 사업을 추진할 때마다 해결하기 힘든 복병으로 떠올랐다. 이런 상황이 계속된다면 지역에서 사업을 지속하기가 어려워질 수밖에 없다.

그래서 2019년 여름 전사 합숙 행사 때 '사토유메답는 것'을 만드는 것과 함께 10년 후 우리의 바람직한 모습을 내다보며 '사토유메 2030'이라는 비전을 논의해 그때까지의 컨설팅 절차를 근본부터 새롭게 바꾸기로 했다.

그때까지 사업화 절차는 우선 계획을 세운 뒤 자금을 모아 사업을 시작하고, 마지막으로 인재를 모집하는 흐름이었다. 즉, '계획이 출발점'이었다. 그러던 것을 미래 비전이나 꿈을 지닌 인재를 지역에서 발굴·육성한 뒤, 그들을 중심으로 팀을 만들어 자금을 모으고 계획을 세워 사업을 시작하는 흐름으로 바꾸었다. '사람이 출발점'인 시스템으로 전환한 것이다. 우리는 그 중심이 되는 사람들의 비전이나 각오가 연료 역할을 해서 이전보다 훨씬 더 원활하게 지속 가능한 사업을 만들어낼 것이라고 믿었다.

'계획'→'자금'→'인재'에서 '인재'→'자금'→'계획'으로, 말 그대로 정반대 순서로의 전환은 큰 결단이었다. 다만 이러한 결정은 지금까지 전국에서 다양한 지역과 '동반 달리기'를 해오면서 지역 실정을 체감으로 터득했기 때문에 가능한 것이었다.

10년 후를 내다보며 새로운 방향성을 그려냈지만, 이 작업을 위해서는 모든 것을 새롭게 다시 만들어낼 필요가 있었다. 브랜딩의 사다리를 하나 올라왔다고 생각했더니 다시 새로운 사다리가 우리 눈앞에 나타난 것이다. 불안이 없지 않았지만 그래도 우리는 왠지 가슴이 두근거렸다.

항상 새로운 콘셉트를 내세워 때로는 기존 업계를 부정하면서 (자기부정도 포함해) 새로운 시장을 만들어온 사토유메는 이른바 콘셉트 주도형 회사이다. 콘셉트를 앞세워 시장을 만들어갈 때 중요한 점은 자신이 그 콘셉트를 '철저히 믿는' 것이다. 수십 번, 수백 번, 수천 번 주위 사람들에게 콘셉트를 끊임없이 말하면 마케팅 효과도 있다. 다만 상대의 반응을 참고해서 알리는 방식을 조금씩 개선하며 밀고 나가는 것이 중요하다.

자신이 철저하게 믿을 때 내 말에 무게가 실리고 다른 사람의 마음을 움직일 수 있다. 거기서 시장이 생겨난다. '사람이 출발점'으로 사업 방향성을 정하고 나서는 '동반 달리기'와 '고향의 꿈을 현실로'를 주문처럼 외쳐온 창업 당시와 마찬가지로 어떤 장소에서든 "사람이 출발점, 사람이 출발점"이라고 주위에 말하는 나날이 시작됐다.

사토유메, 제2막이 시작되다

'사람이 출발점이다'라는 새로운 방침을 정했으니 브랜딩의 새로운 사다리를 올라가기 위해서는 우선 '인지' 단계를 다시 강화할 필요가 있었다. 창업 당시 고안했던 '동반 달리기형 컨설팅 회사'라는 명칭과 호텔 개장 당시의 '700명 마을이 하나의 호텔로'라는 카피에 필적할 만큼 강렬한 말이 필요했다. '사람이 출발점'이라는 콘셉트를 한마디로 전달해 사토유메의 존재의의를 호소하기 위해서는 어떤 말이 좋을까.

'사람으로 시작하는 지방 재생' '사람이 출발점인 사업화' '계획이 출발점에서 사람이 출발점으로'…. 여러 가지를 생각했지만, 어느 것도 이거다 싶지 않았다. 그러다 사토유메를 널리 '인지'시키기 위한 자문역으로 더할 나위 없는 사람을 만나 그와 함께 여러 차례 워크숍을 했다.

사토유메는 어떤 얼굴을 하고 누구를 향해 있는가. "사업을 '시작한다' '만든다'가 아니라 '태어난다'는 뉘앙스를 내세워야 하지 않을까?" "경제적 가치를 만들어낸다는 의도를 넣는다면 '사업'보다 '비즈니스'라는 단어가 의미를 제대로 전달하는 데 적합하지 않을까?" "지역에만 눈을 돌리는 게 아니라 도시의 젊은이나 동반자가 되는 기업의 허브 역할을 맡는 것이라면 '컨설팅'이 아니라 '인큐베이션' 쪽이 사토유메의 실상에 가깝지 않을까?" 활발한 논의를 진행한 끝에 2021년 10월 최종적으로 새로운 기업 상징CI과 로고를 완성했다.

사람을 출발점으로 지역에 사업을 만들어내는 회사

새로운 CI를 구체적으로 수행해가기 위해 사업 개념까지 논의해 순환 도표로 가시화했다.

우선 인풋으로 의지와 생각Will을 가진 잠재적 리더, 잠재적 추

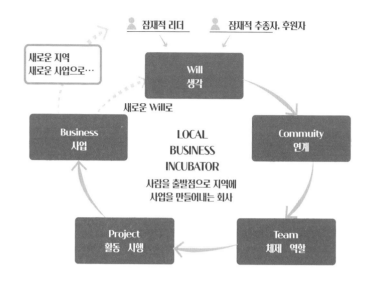

종자, 후원자를 발굴·육성해 그들이 지역과 단단히 밀착해 일체감을 갖고 도와줄 수 있는 상황을 만든다Community. 그리고 지역에서 내놓은 과제나 사업의 맹아를 검토하기 위한 팀Team을 짜서 구체적인 검토나 활동Project을 시작해 거기서 새로운 사업Business를 만들어내는 것을 아웃풋으로 자리매김한다.

"의지를 가진 젊은이들이 얼마나 참여해 많은 지역에서 이 순환이 가능하도록 할 수 있을까? 거기서 얼마만큼 새로운 사업을 만들어낼 수 있을까"

"사람을 출발점으로 지역에 사업을 만들어낸다'는 목표 아래 사토유메는 제2막의 힘찬 발걸음을 내딛기 시작했다.

7장

10년 후를 내다본 지방 재생

'선로변 전체가 호텔'
JR히가시니혼과의 도전

'마을 전체'에서 '선로변 전체'로

고스게촌에서 고민가를 호텔로 개발하다 보니 다른 지역에서도 호텔을 해보고 싶은 생각이 들었다. 내 꿈을 펼칠 기회는 'NIPPONIA 고스게 발원지 마을'이 개장하자마자 곧바로 찾아왔다.

2019년 8월 '대갓집'이 오픈한 직후의 일이다. 전차도 다니지 않는, 가장 가까운 역에서 차로 40분이나 걸리는 산속 작은 호텔에 JR히가시니혼東日本(동일본여객철도 회사)이 예약을 해왔다. 고스게촌과 특별한 인연이라도 있는 걸까. 게다가 4명이 온다고 하니 더욱 궁금증이 생겼다.

숙박 당일 고스게촌을 방문한 사람은 JR히가시니혼 하치오지八王子 지사와 JR히가시니혼 그룹의 사내벤처캐피털인 JR히가시니혼 스타트업 주식회사 사원이었다. 호텔 식당에서 그들과 함께 저녁 식사를 했다. 저녁을 먹으면서 그들은 우리 호텔에 관심을 보이게 된 이유를 차근차근 설명했다.

JR히가시니혼 하치오지 지사는 주오선中央線 다치카와역立川驛에서 도쿄 서쪽 끝인 오쿠타마역奥多摩驛까지 달리는 JR오우메선青梅線을 관할하고 있다. 그중에서도 산간부를 달리는 오우메역부터 오쿠타마역까지 구간(도쿄 어드벤처 라인)은 여름과 단풍철이면 수상 레저나 관광객이 몰려들어 흥청거리지만, 그 구간에 있는 13개 역 대부분이 무인역으로 전환될 정도로 인구 감소와 고령화, 승객수 감소에 시달리는 형편이었다. 그런 한편으로 여행 시즌이나 주말에는 도로 정체, 주차장 부족, 강변이나 일부 음식점으로 사람이 몰려드는 등 오버투어리즘으로 골치를 앓고 있다는 것이었다.

JR히가시니혼에서는 선로변을 새로 개발해 이러한 분균형을 해소하고 싶어했다. 그러기 위해서는 수상 레저나 음식점 등 '점'으로 소비되는 현재의 상황을 '면'으로 재편해 지역 전체가 '면'으로 활용되는 새로운 관광 형태를 찾아가야 한다고 생각했다. 활로를 모색하는 과정에서 '점'이 아니라 마을이라는 '면'으로 사업을 전개하는 우리 호텔에 흥미를 갖게 됐다는 얘기였다.

호텔이 무사히 개장했다는 안도감 때문이었을까. 술이 들어가자 나는 고스게촌을 드나들면서 경험한 기쁜 일, 슬픈 일, 힘들었던 일 등을 길게 이야기해버렸다.

한편 그들은 하치오지 지사가 관할하는 오우메선이나 주오선에서 선로변 활성화를 위해 시장을 연다든지, 역 안에 카페를 오픈한다든지, 대여 자전거 제도를 도입한다든지 여러 시도를 하며 시행착오를 겪어왔다고 하소연했다.

아마도 사토유메가 지역을 대하는 태도를 좋게 본 것 같다. 이 만남 이후로 우리는 협업 논의를 거듭했다. "고스게촌처럼 인구 감소와 고령화에 직면한 오우메선 주변 지역 활성화 및 과제 해결에 함께 나섭시다." "숙박업만이 아니라 고스게촌에서 해온 것처럼 종합적인 지역사업을 전개합시다."

이런 이야기가 오가는 사이 어느새 '선로변 전체 호텔'이라는 말이 탄생했다.

'3명, 30명, 300명' 법칙

'선로변 전체 호텔'은 확실히 매력적인 프로젝트였다. 하지만 인연도 연고도 없는 곳의 사업이라 "좋아요, 합시다!"라고 즉답할 수 있는 사안은 아니었다.

그런데 운 좋게도 오쿠타마정 관광협회장, JR히가시니혼과 함께 오쿠타마역에서 커뮤니티 공간을 운영하는 사람, '오쿠타마정의 관광공중화장실을 일본 최고로 깨끗하게 한다'는 구호 아래 화장실 청소팀을 결성해 활동하는 사람 등 사업과 관련된 모든 사람이 고스게촌에서 우리가 해온 사업을 알고 있으며 사토유메가 사업을 맡는다면 전폭적으로 지원하겠다며 응원해주었다.

지역 주민들의 이 같은 응원이 머뭇거리던 나에게 용기를 불어넣었다. 그들의 목소리를 접하고 나자 여러 어려움이 있겠지만 여기라면 고스게촌처럼 지역 사람들과 힘을 합쳐 사업을 시작할 수 있을 것 같다는 확신이 생겼다.

이야기가 조금 옆길로 새지만 사토유메에는 어떻게 '지역에 받아들여질까'를 단계로 나타낸 '3명, 30명, 300명'이라는 법칙이 있다. 앞장에서 소개한 A·B·C 사업 단계와 묶어서 생각하면 사업 구상단계인 A단계(NPO 단계)에서는 지역의 리더 3명 정도의 신용과 신뢰를 얻는 것이 중요하다. 지역주민에게 영향력을 끼치는 리더의 인정을 받으면 중요 인물과도 인연이 생기고 그 지역에서 움직이기가 한결 쉬워진다.

사업을 구체적으로 준비하는 B단계(컨설팅 단계)에서는 마을사무소나 활동 단체, 주민 등 지역의 이해관계자 30명 정도의 이해를 조정해가면서 서비스나 운영체계 등을 구축하는 것이 중요하다. 그리고 사업이 진행되는 C단계(사업 단계)에서는 우선 300명 정도의 고객을 만족게 하여 그들이 호감을 갖고 재방문하도록 유도할 필요가 있다.

'지역에 받아들여졌다·받아들여지지 않았다'라고 모호하게 인식하는 것이 아니라 '3명, 30명, 300명' 단위로 선명도를 높여 생각해간다. 그렇게 하면 지역의 신뢰를 얻기가 한층 쉬워진다. 사토유메의 활동 경험을 통해 얻은 지혜이다.

JR히가시니혼 스타트업
프로그램에 응모하다

　오쿠타마정 주변 사람들의 반응도 좋아서 '선로변 전체 호텔' 프로젝트는 순조롭게 시작될 거라고 믿었다. 하지만 2020년 4월 긴급사태선언이 발령되면서 고스계촌의 호텔이 2개월간 휴업에 들어가야만 했다. JR히가시니혼 사람들과도 연락이 잠시 끊겼다. 코로나 사태가 장기화되는 상황인지라 그쪽에서 구상을 흐지부지한다고 해도 전혀 이상할 게 없었다.

　5월 말 긴급사태선언이 해제되자마자 한 가닥 희망을 걸고 사업화를 향한 논의를 재개할 수 있을지 묻는 메일을 JR히가시니혼에 보냈다. 다행히도 바로 답장이 왔다. "선로변 전체 호텔을 하치오지 지사의 2020년도 간판 사업으로 잡았습니다. 연락을 기다리고 있었습니다."
　놀랄 정도로 마음 든든하고 긍정적인 내용이었다. 곧장 정기적인 회의를 재개하며 사업화를 논의하는데, 어느 날 그쪽에서 이런 제안이 왔다.

하치오지 지사는 이 프로젝트를 반드시 추진하고 싶지만, JR은 큰 조직이어서 본사의 의사결정 과정을 밟지 않고 독단으로 출자해 회사를 만드는 것은 어렵다. 그러니 JR히가시니혼 스타트업 주식회사가 개최하고 JR히가시니혼 그룹과 벤처기업이 함께하는 사업 촉진 프로그램인 'JR히가시니혼 스타트업 프로그램 2020'에 응모해보지 않겠느냐는 내용이었다.

여기서 채택되면 일정한 예산이 나와 계획의 실현 가능성을 검증하기 위한 실증실험을 해볼 수 있고 그 결과가 좋은 평가를 받는다면 공동사업화의 길이 열린다는 내용이었다. 공평하게 심사하기 때문에 채택된다고 단언할 수는 없지만 '선로변 전체 호텔'이라면 문제없을 것이라는 판단이었다. 확실히 여기서 채택된다면 사업 실현 전망은 한층 밝아진다. 우리는 이 제안을 받아들여 "선로변 전체 호텔'로 무인역에서 시작하는 마이크로 투어리즘 실현'이라는 주제로 응모했다.

그 해의 'JR히가시니혼 스타트업 프로그램 2020'에는 242건이 응모됐다. 좁은 문이었지만 우리 사업이 무사히 채택되었다. 게다가 뽑힌 18개 회사가 참여해 사업안을 놓고 경쟁하는 형식의 DEMO DAY(발표회)에서 우수상을 받았다.

단상에 올라 스포트라이트를 받으며 다른 IT 벤처기업과 나란히 상장을 받아들 때는 어딘지 모르게 묘한 기분이 들었다. 여태껏 우리 스스로 스타트업이나 벤처라는 인식이 전혀 없었기 때문이다.

지금까지는 사토유메를 그저 자본업무 제휴 등과 인연이 없는 영세 컨설팅 회사로만 생각해왔다. 그런데 이번 사업을 통해 우리도 이런 벤처에 도전할 자격이 있다는 것을 알고 나니 새로운 세계가 열린 것 같은 기분이 들었다.

마을의 무인역이
호텔의 프런트가 된다

스타트업 프로그램에 채택되고 난 뒤 서둘러 '선로변 전체 호텔'을 1박 2일의 숙박 상품으로 만들어 기간 한정 판매하는 실증 실험을 진행하기로 했다. 그런데 구체적인 상품을 만드는 것이 예상 밖으로 어려웠다.

'700명 마을이 하나의 호텔로'나 '마을 전체 호텔'은 그 범위가 고스게촌이라는 지자체로 한정되어 있었다. 반면 '선로변 전체'의 경우 오우메선의 어디서부터 어디까지를 경계로 할 것인지부터 막연했다.

게다가 '발원지 마을'처럼 묘사 가능한 구체적인 말이 있으면 그로부터 아름다운 자연이나 전통 방식의 생활, 천천히 흐르는 시간 등이 연상돼 콘셉트와 체험 가치를 연결하기 쉽지만 '선로변 전체 호텔'에는 그런 것도 없었다.

지역 사람은 자신의 '마을'에 애착이나 긍지를 갖고 있기 때문에 거기서 구심력이 생겨난다. 도대체 '선로변'에 대해 사람들은 어느 정도 애착을 느끼는 것일까.

그렇게 생각하니 콘셉트에 대한 자신이 없어졌다. 이렇게 종잡을 수 없을 때는 일단 현지로 달려가서 보는 것이 내가 일하는 방식이다. 실은 이것도 앞서 말했던 미야모토 쓰네이치 아버지의 말씀에서 배운 것이다. 거기에 이렇게 쓰여 있다.

(2) 마을이든 동네든 새로 방문했을 때는 반드시 높은 곳에 올라가 봐라. 먼저 방향을 파악하고 눈에 띄는 물체를 봐라. 고개 위에서 마을을 내려다볼 일이 생긴다면 신사 주변의 숲이나 절 등 눈에 띄는 것을 먼저 보고, 집의 형태나 논밭 모습을 보고, 주위의 산들을 봐두어라. 그리고 산 위에서 눈길을 끄는 것이 있다면 그곳에는 반드시 가봐야 한다. 높은 곳에서 잘 봐두었다면 길에서 헷갈리는 일은 거의 없다.

(3) 돈이 있으면 그곳의 명물이나 요리는 먹어 보는 것이 좋다. 그 지역의 생활 수준을 파악할 수 있기 때문이다.

(4) 시간의 여유가 있다면 되도록 걸으면서 살펴봐야 한다. 여러 가지를 배울 수 있다.

서둘러 우리는 오쿠타마정, 오우메시 주변으로 갔다. 몇 개의 마을을 걷고 강변으로 내려가 주변을 살폈다. 나지막한 언덕에도 오르고 국도를 전기자전거로 달려도 보았다. 다양한 각도에서 지역을 둘러보면 무언가 힌트를 얻을 수 있을 터였다.

그날은 오우메선의 무인역 중 하나인 가와이역川井驛 뒤로 펼쳐진 언덕 위에 올라 아래로 보이는 역과 그 앞을 흐르는 다마가와를 바라보면서 한숨을 돌렸다. 가와이역은 터널 사이에 있는 산간 역이다.

무심히 아래를 내려다보고 있는데 덜컹덜컹, 하고 건널목 차단기가 내려오는 소리가 들리는가 싶더니 드디어 상행선쪽(오우메쪽) 터널에서 전차가 모습을 드러냈다. 전차는 홈에 섰다가 몇 분 뒤 다시 움직여 이번에는 하행선쪽(오쿠타마쪽) 터널로 사라졌다.

그냥 그게 풍경의 전부였다. 그 모습을 보면서 왜 이렇게 불편한 곳에 역을 만들었을까, 생각하는데 불현듯 "앗!" 하는 깨달음이 왔다. 마을이 있는 곳에 역이 생긴 것이다. 마을이 먼저다. 골짜기에 있는 가와이 마을에 주민의 발이 되는 전차가 지나가도록 일부러 산과 산 사이에 역을 만들어 앞뒤로 터널을 뚫은 것이다. 도시나 근교에 놓인 철도의 경우, 미개발지에 새로운 노선이 지나가고 거기 역이 생겨 주변에 마을이 만들어지는 경우가 많다. 그러나 여기는 철도가 아니라 마을이 먼저 존재한 것이다.

그렇다면 '철도'나 '선로변'이 아니라 그 이전부터 존재해온 '마을'이라는 관점에서 세계관을 만들어가는 것은 어떨까? '마을'이

기차가 오래된 마을을 덜컹거리며 지나갔다.
그 순간 깨달았다. 마을이 먼저다.
'마을'이야말로 지역 재생사업의 엔진이 되어야 한다.

야말로 애착과 긍지 등 사업 추진의 엔진 역할을 할 요소들이 응축된 공간이다.

손님들이 오우메선을 타고 오도록 한다. 전차에서 내리면 무인역을 호텔 프런트로 삼고, 역 개찰구를 나오면서부터 '호텔'이라는 분위기를 만든다. 마을 길이나 논두렁길은 호텔의 복도이고 마을에 있는 빈집을 호텔 객실로 손봐서 묵도록 한다. 마을 주민이 호텔 지배인이자 직원으로서 관리 업무를 맡는다. 특히 노년층의 경우, 자신이 태어나 자란 마을에 방문객이 늘어나 교류가 많아지고 돈이 돌면 고향에 대한 애착과 긍지가 되살아날 것이다. 삶의 보람도 덤으로 따라올 터였다.

게다가 각 마을과 인접한 무인역들을 하나의 유닛으로 해서 역사와 지형, 자원 등의 특징을 도드라지게 부각해 그 지역의 매력을 알린다. 강변 마을, 산속 마을, 샘물이 솟아나는 마을, 고추냉이밭이 있는 마을 등 각각의 개성을 차별화하는 전략을 짜는 것이다. 역을 골라서 묵을 수도 있다. 마을을 골라 묵는다는 관광 유형도 색다른 매력이 될 수 있다. 그렇게 역과 마을을 중심으로 한 '마을 전체 호텔'이 늘어나면 전체 집합체로서 '선로변 전체 호텔'의 윤곽, 세계관이 자연히 드러날 것이다.

구체적인 이미지가 한번에 만들어졌다. 이거라면 해볼 만하다.

점에서 선으로,
선에서 면으로

사업의 기본 단위와 세계관이 정해지면서 숙박 상품 만들기에 착수했다. '선로변'을 '전체'로 즐길 수 있는 '호텔' 같은 서비스를 어떤 형태로 제공하는 게 좋을까? 어떻게 구성해야 고객들이 지역의 매력을 재발견하는 마이크로 투어리즘을 제대로 즐길 수 있을까?

상품을 만들 때 특히 염두에 둔 것이 있다. 수상 레저나 일부 음식점 등이 '점'으로 소비되는 오버투어리즘의 한편에서 '선'인 오우메선의 이용자가 줄고 '면'인 선로변 지역 인구가 감소하는 현실이었다. 바로 이 '점'들을 '선'으로, 나아가 '면'으로 넓혀가지 않으면 안 된다.

먼저 '점'에서 '선'으로 확장하는 작업을 위해 관광객이 철도를 이용해 오도록 유도하는 데 주력했다. JR오우메선은 일본의 여러 철도 중에서도 가장 큰 고저 차를 자랑하는 노선이다. 마을에서 산으로 이동하는 동안 속속 달라지는 공기를 몸으로 느끼고 계절의 변화를 고스란히 보여주는 차창 밖을 감상할 수 있다. 도로 정체 등과는 상관없이 느긋하게 전차에 몸을 실은 채, 자동차를 운전했다면 못 보고 지나쳤을 선로변 자연 풍광을 만끽한다.

여기서부터 여행은 이미 시작되는 거라고 홍보를 하는 것이다. 그 외에도 호텔 예약자에게 미리 전차의 표를 본뜬 '여행안내서'를 보내서 선로변을 즐기는 방법이나 볼만한 곳을 소개하는 등 여행에 대한 기대를 부추기는 연출도 구상했다.

다음으로 '선'에서 '면'으로 확장하는 방법으로는 '무인역 체크인'→'마을 스카이 콩콩'→'선로변 미식'→'고민가 스테이'라는 네 가지 요소를 1박 2일 여행에 패키지로 넣어 철도라는 '선'에서 서서히 지역이라는 '면'으로 관심이 넓어지도록 유도하는 체험형 설계를 했다.

이 구상을 토대로 주민 대상 설명회를 열어 적극적인 지지를 이끌었다. 이제 '선로변 전체 호텔'의 실증실험으로서 여행 상품을 개발할 차례였다. 우리는 '하나의 철도(오우메선), 두 개의 역(시로마루역白丸駅, 오쿠타마역), 세 개의 마을(오쿠타마정 시로마루마을, 오쿠타마정 사카이境마을, 고스게촌 나카구미 마을)'을 즐기는 체험·숙박 상품 '무인역에서 시작하는, 발원지 여행' 패키지를 완성했다. 이후 60팀 한정 상품으로 여행상품 판매를 시작하자 2주 안에 모두 팔렸다.

그러나 안심도 잠시, 다시 역풍이 몰아쳤다. 코로나 2차 대유행이 맹위를 떨치며 두 번째 긴급사태선언이 발령된 것이다. 게다가 '고 투' 여행 캠페인도 정지된다는 소문이 들려왔다. 이 프로젝트는 JR히가시니혼과 공동으로 진행하는 사업이므로 연기하거나 중지해도 우리로서는 어쩔 도리가 없는 상황이었다. 반쯤 체념한 채 JR히가시니혼에 연락했는데 "시마다 씨, 우리는 위드 코로나 시대에 대응하는 새로운 투어리즘을 만들었다고 자부합니다. 외부 상황에 구애받지 말고 예정대로 진행합시다."라는 답이 돌아왔다.

위축됐던 마음에 활기가 돌았다. 그래, 지금까지 우리는 절대 코로나에 지고 싶지 않다는 각오로 달려왔다.

무인역에서 시작하다, 발원지로 향하는 여행

2021년 2월 17일, '선로변 전체 호텔'의 실증실험 첫날을 맞았다. 오우메선으로 다치카와를 출발한 전차가 한 시간쯤 달려 시로마루역이 가까워지면 차창 밖으로 다마가와 계곡이 보였다. 곧이어 안내방송이 흘러나왔다.

"선로변 전체 호텔에 오신 고객은 다음 시로마루역에서 내려주세요. 호텔 프런트로 변신한 역 맞이방에서 지배인이 여러분을 맞이할 것입니다. 자, 다음 역부터 일상을 즐기는 새로운 여행이 시작됩니다."

시로마루역은 도쿄도 내 JR 선로들 중 승객 숫자가 가장 적어 비밀스런 느낌마저 드는 무인역이다. 전차가 도착하는 시간에 맞춰 대기하던 호텔 직원이 고객들을 맞아 홈에 특별히 설치한 프런트에서 체크인을 한다. 환영 인사로 내놓은 차를 손님들이 마시는 동안 선로변을 즐기는 방법, 호텔에서 지내는 법 등에 관한 설명이 이어진다. 이후 여행객이 셔틀버스를 타고 숙박지로 이동하는 동안 몇 개 마을을 지나치면서 이 투어만의 마이크로 투어리즘을 만끽하게 된다.

역 주변 '시로마루 마을'에서는 다마가와의 경관 및 옛 도로의 사적을 마을 주민의 안내를 받으며 감상하고, 녹음이 아름다운 '무카시 미치道'를 차를 타고 지나간 후, 사카이 마을의 유서 깊은 샘물, 고추냉이밭, 괴이한 모습이 볼만한 신사 등을 들러 숙박시설로 향한다.

'선로변 전체 호텔'이 본격적인 사업으로 발돋움한다면 선로변 고민가를 새로 단장해 호텔 숙박시설로 오픈할 예정이었다. 하지만 이번 실증실험에서는 'NIPPONIA 고스게 발원지 마을'을 숙박시설로 활용하는 대신 오우메선 주변과 다마가와로 이어지는 발원지 마을의 훼손되지 않은 자연과 소박한 풍경, 생활을 느긋하게 즐길 수 있도록 했다.

여행의 즐거움은 역시 '음식'이다. 이번 상품에서는 '선로변 미식'을 주제로 오우메선 주변 음식의 역량을 최대한 끌어낸 코스 요리를 준비했다. 오우메선 주변은 식재료의 보고로 다마가와 맑은 물로 키운 고추냉이와 민물고기 외에도 도쿄도 축산시험장이 품종 개량한 브랜드 돼지 'TOKYO X', 에도江戸 시대부터 사랑

"선로변 호텔에 오신 걸 환영합니다."
전차가 시로마루역에 정차하면 대기하고 있던 호텔 지배인이 호텔 프런트로
탈바꿈한 역사驛舍로 손님을 안내한다.

프런트에서 웰컴 티를 마신 여행객들은 가이드의 안내에 따라 녹음으로 둘러싸인 마을과 수원지, 고추냉이밭과 신사 등을 구경하며 호텔로 향한다.

받아온 '도쿄샤모' 등 미식가라면 이미 알고 있는 식재료가 많다. 선로변 양조장, 청주 사와노이澤乃井를 양조하는 '오자와슈조小澤酒造'의 23대 주인 오자와 미키오小澤幹夫 씨가 빚어낸 청주와 어울리는 메뉴도 제공했다.

이렇게 60팀 한정으로 판매한 1차 여행 상품을 고객의 반응이 너무 좋고 다양한 언론사에서 취재 요청을 하는 등 문의가 끊이지 않았다. 따라서 새롭게 30팀을 추가해 판매했지만, 그것도 곧바로 매진됐다.

두 차례의 실증실험을 마친 뒤 가이드를 해준 마을 사람들에게 인사하러 갔을 때 "많은 사람이 행복하게 즐기고 가는 모습을 보니 우리 마을에 긍지를 가질 수 있었어요." "꼭 '선로변 전체 호텔'을 사업화해주세요."라며 눈물을 글썽이던 어르신들의 얼굴을 잊을 수 없다.

'선로변 전체 주식회사' 설립

실증실험이 끝나고 참가자들을 대상으로 설문조사를 했다. 만족도, 가격 평가, 사업화했을 경우 재방문 의사 등을 묻는 모든 문항에서 높은 평가가 나왔다. '선로변 전체 호텔' 사업화를 향해 움직일 때가 된 것이다.

우선 서로가 축적해온 노하우를 활용해 다양한 협업을 추진하기 위해 2021년 12월 3일 JR히가시니혼(동일본여객철도주식회사)과 공동출자회사 '선로변 전체 주식회사'를 설립했다. 우리는 새 회사 설립 목표로 세 가지 과제를 내세웠다.

첫째, 코로나 이후 새로운 여행과 생활의 실현

둘째, 지방 재생을 위한 인재육성

셋째, 지역 경제 및 과제를 파악해 속도감 있는 지역사업 운영과 전개 확대

고스게촌 고민가 호텔에 이어 오우메선 주변에서 진행되는 '선로변 전체 호텔' 사업도 속도를 더해가고 있다. 점에서 선으로, 선에서 면으로 이어지는 지역 재생 방식은 비단 이곳뿐만 아니라 세월의 때를 뒤집어쓴 채 낙후한 다른 마을을 재생하는 데도 훌륭한 인사이트를 제공한다.

이 목표를 앞세워 JR오우메선을 시작으로 2040년까지 전국 약 24개 철도 선로변에서 '선로변 전체 호텔'을 개발하고, 사람이 출발점인 고부가가치형 지역사업을 전개해 나가겠다고 발표했다.

오우메선 주변에서 '선로변 전체 호텔' 사업을 진행하는 것과 관련해서는 운영을 원활히 하기 위해 무인역 하토노스역鳩/巢驛을 관광 거점으로 정해 수리·정비하기로 뜻을 모았다. 하토노스역을 리뉴얼해서 호텔 이용객을 위한 체크인 공간 및 마을 둘러보기 거점·정보 발신·교류 거점으로 활용하기로 한 것이다.

숙박시설도 하토노스역 주변 고민가를 고쳐 2023년에는 고민가 호텔로 오픈할 예정이다. 이후 선로변에 있는 고민가들을 차례로 재단장해 2026년에는 총 5~6개 동으로 숙박시설을 운영할 계획이다.

회사를 설립하고 이듬해 2월에 실시한 실증실험 2탄도 호평을 받았다. '오감을 열다, 발원지로 향하는 길'이라고 이름 붙여 오쿠타마의 자연을 체험하는 숙박 상품이었다. 이렇게 오우메선 주변을 무대로 한 '선로변 전체 호텔'도 본격 시동이 걸리고 있다.

JR히가시니혼 사람들이 처음 고스게촌을 방문한 지 2년 반이 지난 지금, 낙후한 오우메선 주변 지역을 되살리겠다는 여러 사람들의 희망과 열정이 구체적인 형태로 현실화돼 점점 더 넓게 확산하고 있다.

고향을 미래로 이끌어가기 위해

사토유메를 창업하기 전, 나는 지역을 위해 무엇을 어떻게 하고 남길 수 있을까를 자주 생각했다. 그럴 때마다 사상가 우치무라 간조内村鑑三의 《후세에 남길 가장 큰 유물》이라는 책 표지에 있던 '우리는 무엇을 이 세상에 남기고 가야 할까. 돈인가, 사업인가, 사상인가?'라는 글을 떠올렸다.

이 책은 '우리의 인생에는 어떤 의미가 있으며, 평범한 인간이 후세에 남길 수 있는 것은 무엇인가'를 주제로 1984년 우치무라가 젊은이들에게 강연했던 내용을 정리한 것이다. 책에서 우치무라는 후세에 남길 수 있는 것으로 사람들이 흔히 떠올리는 '돈' '사업' '사상' 세 가지를 들며, 각각의 해로움을 언급한다. 그러면서 누구라도 후세에 남길 수 있는 최대의 선물은 사실 이 세 가지가 아니라 '용감하고 고상한 생애'라고 말했다.

우치무라의 생각에 깊이 공감했지만, 그 시절 나는 '사업'을 남기고 싶다는 생각을 늘 했다. 고백하자면 그 욕망이 창업의 동기이기도 했다. 우치무라가 말한 '고상한 생애'라는 말에 담긴 참뜻을 제대로 이해하지 못한 것이다.

사토유메를 처음 시작했을 때 많은 지역에서 우리가 내세운 '동반 달리기'나 '고향의 꿈을 현실로'라는 이념에 공감해 실적도 없는 우리에게 지역의 미래가 걸린 일을 맡겨 주었다. 나와 더불어 일하는 직원들 역시 '사토유메답다는 것'을 마음속에 품고 전국 각지에서 꾸준히 마을의 미래를 위해 일하고 있다. 그런 모습을 보면서 내가 남겨야 할 것은 무엇인가를 다시 생각한다.

이제 와 돌아보니 내가 후세에 남겨야 할 것은 고향을 미래로 이끌어가려는 '의지'이며, 성실하고 투박하게 지역과 계속 마주해가는 '삶의 태도'가 아닌가 하는 생각이 든다.

고상하지 않을지 모르지만, 이 자세로 일관하다 보면 자연히 전국 각지에서 활력을 불어넣는 사업들이 생겨나 '모든 사람이 고향에 긍지를 갖고 고향의 힘이 될 수 있는 사회'가 다가올 거라고 나는 믿는다. 10년 후를 내다보며 사토유메는 '동반 달리기'를 다시 시작해나간다.

사토유메를 창업하고 10년, 고스게촌에 다닌 뒤로 8년이 흘렀
다. "사토유메를 믿어보기로 했다"고 말하며 아무 실적도 없는
우리를 동업자로 골라준 촌장의 기대에 부응하기 위해 일에만 푹
빠져 마을의 과제를 도맡아 해왔다. 지역 사람들의 열정에 등 떠
밀려 그저 필사적으로 달리다 보니 어느새 '지방 재생' 사업의 성
공 모델로 주목받게 되었다.

8년 전 고스게촌에서 시작한 '동반 달리기'는 다른 지역에서도
평가받아 지금은 전국에서 다양한 프로젝트가 움직이기 시작했
다. 아마가타현 가호쿠정이라는 인구 약 1만 8,000명의 지역과는
3년 전 전국에서도 드문 마을 단독 안테나숍 '가호쿠라시'를 세타
가야구世田谷區 산겐자야三軒茶屋에 출점했다. 식당도 붙어 있는 이

점포는 코로나 사태 속에서도 호조를 보여 점포 운영에 그치지 않고 지역 자원을 사용한 새로운 상품 개발과 제조, 이탈리아 채소와 국산 견과류 등 부가가치 높은 작물도 생산했다. 2022년에는 가호쿠정의 산업을 마케팅적 시각으로 재구축하기 위해 지역 상사 '주식회사 가호쿠라시사'를 창업했다.

나가노현 고우미정은 야쓰가타케八ヶ岳 연봉의 완만한 기슭에 펼쳐진 물과 초록에 둘러싸인 환경을 살려 '치유의 숲 사업' 모델을 도입하고 싶다는 제의를 해주었다. 그래서 '치유의 숲 사업'으로 축적해온 노하우를 총동원해 '쉼'을 콘셉트로 한 휴양지를 조성했다. 도시 기업을 타깃으로 한 치료 프로그램 개발부터 가이드나 숙박시설, 인재육성까지 종합적으로 지원해 이미 20개 넘는 기업과 제휴하고 있다.

최근에는 아이치현愛知懸 오카자키시岡崎市가 추진하는 'Urban Innovation OKAZAKI'에 응모해 사업자로 선정되었다. 시가 안고 있는 여러 문제를 행정기관과 협업해 해결하는 프로젝트이다. 나고야名古屋에서 가깝고 숙박률이 낮다는 과제를 해결하기 위해 우리는 도쿠가와 이에야스德川家康가 태어난 오카자키성과 성아랫마을을 '오카자키성 전체 호텔' 등의 콘셉트 아래 하나의 호텔로 개발해서 체류형 관광을 추진해갈 예정이다.

그 외에도 전국 40개 넘는 지자체와 60개 이상의 프로젝트를 진행 중이다. "그렇게 많은 지역과 일을 하고 있습니까?"라는 이야기를 곧잘 듣지만 나는 아직도 부족하다고 생각한다. 현재 일본에는 약 7,100개의 지자체가 있고, 인구 감소와 고령화로 존속의 위기에 처한 마을이 수천, 수만 개나 된다. 오랜 시간을 두고 차곡차곡 형성된 우리의 문화와 전통이 속속 사라지는 것이다.

한 번 잃어버린 고향의 풍경은 두 번 다시 원래대로 돌아오지 않는다. 다행히도 지금까지 많은 지역과 동반 달리기를 하는 기회를 얻었지만, 현재 우리 직원 규모로는 맡을 수 있는 지역과 일에 한계가 있다. 동반 달리기를 하고 싶어도 여력이 닿지 않아 눈을 감고 지나친 작은 마을, 잊혀가는 동네도 헤아릴 수 없이 많다. 그런 현실을 잘 알기에 더 많은 젊은이가 '지역'으로 발걸음을 옮겨주면 좋겠다. 아직 만나지 못한 동료들과 '고향의 꿈을 현실로' 만들어가기를 나는 간절히 바란다.

지역의 미래는 반드시 바꿀 수 있다. 이 책이 계기가 되어 하나라도 더 고향의 풍경을 남길 수 있다면 그 이상 행복한 일은 없을 것이다.

마지막으로 사토유메의 사업을 지탱해준 여러 지역 여러분, 지자체와 사업자들, 희로애락의 날들을 함께 걸어온 사토유메의 동료들, 언제나 나를 따뜻하게 지켜봐 준 가족에게 감사드린다.

2020년 4월 15일, 창업 동료이자 2017년까지 사토유메의 대표 이사를 지냈던 다케이 히로유키 씨가 갑자기 세상을 떠났다. 언제나 웃는 얼굴로 사토유메의 미래를 이야기하고 여러 상황에서 떠받쳐주었던 다케이 씨의 유지를 받들어 앞으로도 열심히 달려갈 것이다. 고인의 명복을 빈다.